はじめての

介護施設選び

これだけは知っておきたい

介護施設の最強見極め5ステップ

はじめに

～介護は決して他人事ではない～

「自分は介護とは無縁だ」と思っているあなた！　介護は突然やってきます！

自分の家族、否、もしかするとあなた自身のことかもしれません。まだ先のことと思っていないで、時間のあるときに介護の知識を身につけておきましょう。

それというのも、いざ介護となると、サービスや施設を選んでいる時間がないのが普通だからです。つまり、介護にもいろいろな違いがあることにすら気づかずに、慌てて決めてしまう事態に陥りかねないのです。しかし、最初の選択を間違えると、介護離職にもつながってしまうという大きな齟齬を生んでしまう恐れがあります。

限られた時間の中でベストな選択をするために、情報収集で基礎知識のレベルを上げ、選び方のキモを押さえておくことが大事です。

ほとんどの場合、介護するほうもされるほうも、お互い初めての経験です。介護サービスを使うのも初めてでしょう。事前に知識を仕入れておかないと、思っていたことと違うサービスや施設を、介護が必要なあなたのご家族に提供してしまうことになるのです。

かくいう私も、認知症の母の介護のために仕事を辞めるという介護離職を経験しました。30年暮らした東京を離れ、生まれ故郷である群馬県桐生市に戻ったのは、2017年5月のことです。

そして2020年1月から、実際に介護施設（通所タイプのデイサービス）で働き始めます。理由は本書を読み進めていくと自ずとご理解いただけると思いますが、まさに本書の企画が現実味を帯びた頃でした。

おかげで、デイサービスのサービス内容と仕組みをほぼ理解できたと思います（売上とレセプトの部分は除きますが）。

さらに、片っ端から介護系セミナーに参加して、ケアマネジャーに徹底的にレクチャーを受けました。現状では両親（父親も要支援）には必要ないであろう施設までも紹介してもらい、見学させてもらいました。また、母の介護を通して地元で有名な介護複合企業の社長とも出会え、介護事業の実情（人手不足、事業所の乱立と倒産など）を含めていろいろなことも学べました。

つまり私は、利用者家族の視線で介護施設のサービスとスタッフを観察する。さらに、デイサービスのスタッフとして利用者の皆さんにサービスを提供しながら、利用者の皆さんのことも観察できる立場にあります。

そんな私が近頃で最も気になるニュースが、介護施設の倒産であり、しかもその数字が年々増えているという現象です。

ところが一方で、２０２５年に高齢者（65歳以上）の消費市場規模が１００兆円を超えると、みずほコーポレート銀行（現みずほ銀行）が２０１２年に試算を出しています。内訳は、「医療・医薬産業　35・0兆円」「介護産業　15・2兆円」「生活産業　51・1兆円」です。このようなビッグマーケットが待っているのに、なぜ介護施設が潰れているのか、不思議でなりません。

介護施設が閉鎖されて一番困るのは、その施設の利用者です。どこか違う施設に移るとしても、移った先の施設がその利用者に適しているとは限りません。仲の良いお仲間とバラバラになるかもしれません。当然、利用者としてはとても不安になります。

だからこそ、潰れてしまいそうな施設を選んではいけない。かつ、利用者ご本人に適した施設を選ばなければいけない。そのあたりの見極めが重要になるということです。

繰り返しますが、介護は決して他人事ではありません。あなたとあなたの家族にも否応なく降りかかってくる問題です。

私の場合、遠距離にいて、なおかつ待ったなしのお尻に火がついた状態でも、要介護認定取得に関する資料や書類を入手できたのは、普段から情報収集に努めていたおかげだったと思います。

同様に、介護施設やサービスを選ぶにあたっても、事前に情報収集をして知識を蓄えておけば、必ず利用者ご本人に適したものを選べるはずです。

これから介護を始めるあなたのために、介護離職も経験し、介護の仕事にも携わっている私の体験やリサーチが少しでもお役に立てるなら、あなたより少しだけ介護の先輩である私にとっても幸せなことだと思っています。

目次

序章 介護の基礎知識

1 自分の家族に介護が必要になったら……

介護には、病気やケガ・事故などで急に必要になってしまう場合と、そろそろ介護が必要かな？　と思い始める場合があります。

突然の病気やケガ・事故（脳出血や脳梗塞、転倒による骨折、交通事故）などの場合は、病院に入院すると、そこに所属するソーシャルワーカー（社会福祉士の場合が多い）が退院後の介護サービスや施設に関する相談に乗ってくれて、手配もしてくれます。入院は長くて90日で、そこに達する前に退院させられてしまうのが現状です。

ご存知の通り、一般病棟において高齢者（一部の特定患者を除きます）の入院日数が90日を超えると、医療費の入院診療報酬が低くなってしまいます。つまり、90日以内に退院させて新たな患者さんを受け入れたほうがお得なのです。

ともかく、ソーシャルワーカーとは退院までのお付き合いです。その後は、要介護・要支援認定が下りればケアマネジャーなどにケアプランを作成してもらうという流れです。入院して病状が落ち着いてから退院までの数週間でやる必要がありますから、いずれにせよ待ったなしの状態になります。

退院後にリハビリが必要な人には、多くの場合、介護老人保健施設（老健）が紹介されます。これは、リハビリをして家庭生活に戻ることを目的とした施設ですが、ここもやはり3カ月を目処に施設を出なくてはいけません。というのは、あくまでも家庭復帰を前提とした施設ですから、基本3カ月ごとに入所判定があります。そこで退所可能と判断された場合は、継続して入ることはできないのです。

一方、そろそろ介護が必要と思い始めるのは、以下のようなケースです。

●遠方に高齢の親が暮らしていて心配な場合
●皆が年老いて、家族だけでは不安な場合
●認知症を発症してしまい、家庭での介護は難しい場合

これらのケースでは、介護認定の申請の時間や、どのサービスにしようか、どこ

の施設にしようかなどと考える時間が多少あります。とはいえ、入院を経る場合と違って、一般の人には道筋はわかりにくいと思います。

そこで、基本的にはまず近くの地域包括支援センターを見つけて下さい。そこに相談して、要介護（要支援）認定の申請をしてもらうことから始めます。要介護（要支援）認定が下りればケアマネジャーが決まります。そして介護を受ける人の状態を見てもらい、こちらからの要望を伝え、適切な介護サービスの提案をしてもらうという運びになります。

ここでケアマネジャーについて簡単に説明しておきます。

ケアマネジャー（介護支援専門員）は通称「ケアマネ」と呼ばれており、その働き方は大きく2つに分けられます。

ひとつは、主に「地域包括支援センター（介護予防支援事務所）」および「居宅介護支援事業所（ケアマネ事業所）」において働くものです。それぞれ通称「包括（センター）」「居宅」とも呼ばれますが、そこで要介護者や要支援者の相談を受け、ケアプランを作成します。介護保険サービスの利用者は、要介護認定されたときにケアプランを作成しなければなりません。それがないと介護サービスを利用することはできないのです。つまり、介護を受けるにはケアマネジャーの存在は必要不可欠というわけです。

その上で居宅サービス事業者等との連絡調整、入所を必要とする場合の介護保険施設への紹介などを行います。

もうひとつは、介護老人福祉施設（特別養護老人ホーム）や介護老人保健施設、介護療養型医療施設などの施設において働くものです。施設などの利用者が自立した日常生活を営むことができるように支援するために、解決すべき課題の把握等を行った上で、施設サービス計画などを作成します。

ケアマネは更新制で、5年ごとに更新研修を受けることが義務づけられています。しかし忙しい職種なので、研修を受ける暇がないなどの問題点も指摘されているところです。

なお、「地域包括支援センター」と「居宅介護支援事業所」の大きな違いは、前者が地域住民の相談窓口というイメージであるのに対して、後者はケアマネの詰め所といったイメージです。したがって、「基本的には地域包括支援センターに相談」と前述した理由はここにあります。

また、要介護（要支援）認定で「要支援1または2」と認定された人のケアプラン（介護予防サービス計画書）は、原則として地域包括支援センターが担当します。

2 参考までに私の体験談を

「老人ホームとかデイサービスとかは聞いたことあるけど……。実際はよくわからない」と、私も初めはそんな感じでした。あなたも同じだと思います。

実体験例として、要介護の家族を持つ私の経験を少しだけお話ししておきます――。

冒頭に述べたように、私が介護を始めたのは２０１７年の5月からですが、要介護認定を取ったのは15年です。そして母が認知症の症状を見せ始めたのは、そのさらに少し前、13年頃のことでした。

徐々に身の回りのことが不自由になった母は、同じことを繰り返ししゃべる、同じ内容の電話を短時間に何回もかけるなど、だんだんと周りの人からも敬遠されるようになります。当時、認知症は現在ほどには周知されておらず、「頭がおかしくなった」といった心ない中傷で傷つけられもしました。定年退職まで勤め上げ、今でいうキャリアウーマンでしたから、心ない中傷でプライドも傷つき、孤立して引きこもるようになっていきました。

その頃東京にいた私は、父に「母はどう見ても認知症だから、要介護認定を取るように」と言って申請書類を渡しました。しかし、年老いた父にその行動力を望むべくもなく、母は自宅の部屋に引きこもり、父ともほとんど口を利かない日々が続いていました。

その後、母の症状が確実に進行していることに慌てた私は、東京から介護認定の手配をします。何もわかっておらず、全部自分で手配しなくてはいけないと思い込んでいたので、申請に必要な医師の意見書を書いてくれない古くからのかかりつけの町の担当医に、「意見書が要るんだッ!」と、半ば脅し(?笑)の電話をかけていました。見たこともない申請書類を揃えるために必死だったのです。

ところが、地域包括支援センターの人が「こちらで申請しておきます」と、かなりあっさり引き受けてくれたので、心底ホッとしたのを覚えています。そのおかげで要介護認定を取り、母をデイサービスに通わせることができたというわけです。

そのときの母は要介護1で、デイサービスに週3回通うことになりました。父は要支援2でしたが、当時、腰に褥瘡（床ずれ）ができてしまい、訪問看護を毎日受けている状態でした。認知症の母を一人にできないので、父は入院を避けていたからです。

それでも、年老いた両親だけの暮らし。母の認知症は徐々に進行してしまいます。父の言うことも聞かず、腰の曲がった父では手に負えない状態になっていました。使える介護サービスを駆使してはいましたが、それでもある日のこと、たまたま私が実家に帰っていたときに、母が入浴後に行方不明になるという事件が起きました。

母はお風呂に入るとなかなか出てこないので、私も時間を気にしながら注意していました。ところがそのとき、玄関のガラス越しに人影が庭の方に向かって動くのを偶然見かけたのです。「こんな夜中に不審者か」と思い、外に出ました。心臓バクバクでしたが、暗い庭に向かって声をかけると、反応があったのは母の声でした。

それは、庭の隅にある物置小屋と塀との間のわずかな隙間からでした。私が帰っていたときで、たまたま発見できたからよかったものの、もし私がいなければ母は真っ暗な庭の物置小屋の裏側に朝までいたかもしれません。父は毎日19時には寝てしまい、朝5時くらいまで起きない。ですから、誰にも発見されず、冬場でしたから凍死していたかもしれません。

母曰く、お風呂から出たら知らない人の家だと思って勝手口から外に出た、と。恐怖を感じた瞬間でした。

さらに実家に戻ることを決定づけたのは、ケアマネジャーの勧めで脳ドックを母に受けさせたことです。父も同席して、医師に「(母が)言うことを聞かない」と苦情めいたことを訴えていました。医師は、「この『老老介護』の状態は信じられない。そろそろご家族で話し合ったほうがいい」と言われました。要介護認定を取って2年目の、17年2月のことです。

私は、東京から戻って両親の側にいることに決めました。

それから紆余曲折いろいろありましたが、母はデイサービス3施設、ショートステイ、グループホーム等にお世話になった後、住宅型有料老人ホーム＋デイサービス2施設の利用で、やっと落ち着きました。認知症の進行も少し抑えられているようで、認知症の進行を進めるのも遅らせるのも、やはり環境が重要なのだと実感しています。

3 介護サービスや介護施設とはどんなもの？

主だった介護サービス、介護施設の分類は、通常「在宅サービス」「地域密着型サービス」「施設サービス」の3つに分けられています。

しかし少々わかりづらいので、利用者目線で「タイプ・サービス別」にわかりやすく分類し直したのが以下の表です。①訪問サービス、②通所タイプ、③短期入所サービス、④入居タイプ（民間施設）、⑤入居タイプ（公的施設）の、大きく5つに分けてみましたので参考にしてください。

①訪問サービス

訪問介護	ホームヘルプサービス：利用者の自宅を訪問し、買い物や掃除、食事や排せつの介助などを行う
訪問入浴介護	利用者の自宅を訪問し、移動式浴槽を用いて入浴の介助などを行う
訪問看護	利用者の自宅を訪問し、医師の指示に基づく医療処置、医療機器の管理、床ずれ予防・処置などを行う
訪問リハビリテーション	利用者の自宅を訪問し、リハビリテーションの指導・支援などを行う
居宅療養管理指導	医師や歯科医師・薬剤師などが自宅を訪問し、療養上の指導や管理を行う
夜間対応型訪問介護	夜間の定期的な訪問や、緊急時の随時訪問による介護を行う

②通所タイプ（施設に通ってサービスを受ける）

通所介護 （デイサービスセンター）	デイサービス：自宅に住む高齢者が通いで利用し、日中を過ごす施設。利用者を自宅まで迎えに行き、食事や入浴、機能訓練などを行う
通所リハビリテーション （デイケア）	施設に通う利用者に、入浴や排せつの介助を行い、食事やリハビリ、レクリエーションなどを提供する

認知症対応型通所介護	デイサービスセンターなどで、認知症に配慮した介護や機能訓練を受ける
小規模多機能型居宅介護（小多機）	身近な地域にある小規模な施設で、通所サービスを中心に、事業所での宿泊や自宅への随時の訪問サービスなどを受ける
複合型サービス（看護小規模多機能型居宅介護：看多機）	小規模多機能型居宅介護と訪問看護の機能を持ち、状態に応じて通い・泊まり・訪問（介護・看護）サービスを受ける

③短期入所サービス

短期入所生活介護（ショートステイ）	施設に利用者が短期間宿泊し、食事や排せつの介助、リハビリやレクリエーションなどの提供を受ける
短期入所療養介護	医療施設でのショートステイ

④入居タイプ（民間施設）

介護付有料老人ホーム	自立～要介護５	介護保険法に基づいて「特定施設入居者生活介護」の指定を受けている老人ホーム。食事サービス、清掃・洗濯などの生活支援サービス、入浴・排せつ介助などの介護サービス、リハビリ・機能訓練、レクリエーション・イベント等のアクティビティなどを、入居者の状態に合わせて提供する

住宅型有料老人ホーム	自立～要介護５	生活支援のサービスがついた高齢者向けの施設で、介護サービスは必要に応じて提供される。施設スタッフによる食事サービスや生活支援サービス（居室の掃除、洗濯、買い物など）、また外部の介護事業者による入浴や食事の介助、リハビリテーションやカウンセリングなどのサービスがある
グループホーム	要支援２～要介護５	認知症の高齢者が対象。利用人数５人から９人までを１ユニットとし、１施設当たり最大２ユニットまでと決められている。認知症の知識を持った介護スタッフが24時間常駐していることが多く、入居者は介護や生活の支援を受けながら、食事や掃除・洗濯といった生活に必要な作業を自分たちで行う
サービス付き高齢者住宅（サ高住）	自立～要介護３程度	60歳以上が入居でき、有資格者の相談員が常駐し、安否確認と生活相談サービスが受けられる
健康型有料老人ホーム	自立のみ	自立状態の高齢者を対象とした、食事サービスがついた高齢者施設。 温泉やスポーツジムなど、元気な状態の維持を目的とした設備が充実している
シニア向け分譲マンション	自立～要介護５	高齢者を対象にした分譲マンションで、所有権を有し、売却、譲渡、賃貸、相続などが可能な資産

⑤入居タイプ（公的施設：社会福祉法人、医療法人）

特別養護老人ホーム（特養）	要介護３～要介護５	常に介護が必要で、自宅では介護が困難な人を対象とする。日常生活上の世話、機能訓練を受けることができる
介護老人保健施設（老健）	要介護１～要介護５	病状が安定した人が、看護や医学的管理のもとで、介護や機能訓練を受けて自宅復帰を目指す
介護療養型医療施設	要介護１～要介護５	病状が安定し、慢性疾患などにより長期療養を必要とする人が、医療や介護、日常生活上の世話を受けることができる
軽費老人ホーム	60歳以上	家庭環境や経済状況などの理由により、自宅での生活が困難な高齢者が比較的少ない費用負担で利用できる。食事の提供を行う「A型」と、見守りのみの「B型」がある
ケアハウス	一般型：60歳以上 介護型：65歳以上要介護1-2（各地域の施設で異なります）	軽費老人ホームのC型。大きく２種類あり、「一般型（自立型）」は、独居生活に不安のある自立した高齢者が主、「介護型（特定施設）」は軽度から重度の要介護状態の高齢者を主とする

さらに、必ず知っておいていただきたいのは、介護サービスは「こちらから行動しなければ永遠に始まらない」ということです。

入院した場合は、退院までソーシャルワーカーがついてくれて相談ができますが、その他の場合は、自分で声を上げ、手を挙げないと、介護サービスは始まりません。まず、地域包括支援センターなどに相談に行ってください。そうすれば介護認定の申請代行などもしてくれます。これを知らないと、どんなに大変な状況に陥ろうと、介護サービスのほうからやってきてはくれないのです（介護保険料は自動的に支払い続けるのに、です）。

老老介護や、子が親の介護に疲れて悲しい事件が起きてしまうケースは、この介護サービスを上手に利用していなかったり、介護サービス自体を知らなかったりという不幸が起因しているケースも多いのです。

とにかく、困ったときには速やかに相談して、介護サービスを活用しましょう。

第1章 潰れそうな介護施設の裏事情

1 スタッフ不足が悩みのタネ

1 人手不足で事業継続が困難に

中小企業庁の調べによると、企業の倒産原因の一番は販売不振で、70％近くを占めます（**図表1－1**）。これはわかりやすい原因と結果です。商品やサービスが売れないから売上が上がらない。そして倒産してしまったのです。

それでは、商品やサービス自体の品質が劣っていたから売れなかったのでしょうか？

いいえ、決してそうとは限りません。モノやサービスがあふれている現代において、極端な粗悪品やあまりにひどいサービスを探すほうが、むしろ難しいでしょう。

では、なぜ販売不振になったのか。その最大の原因は、売り方や集客方法などのマーケティングが足りなかったことにあります。マーケティングを無視したことで、似たような商品やサービスに埋もれてしまったのです。

誰に向けての商品でありサービスなのか？　どんなお悩み事を解決する商品でありサービスなのか？　さらには、ターゲットにどうリーチしていくのか？

こういったマーケティングを怠ったからに他なりません。

最近では、マーケティングもさることながら、デザインも企業経営の重要な要素とされています。ロゴなどの意匠だけではなく、ユーザーインターフェイス（User Interface・・ＵＩ）やユーザー体験（User Experience・・ＵＸ）を加えて、商品やサービス全体の流れをデザインします。さらには、事業部編成や生産ライン

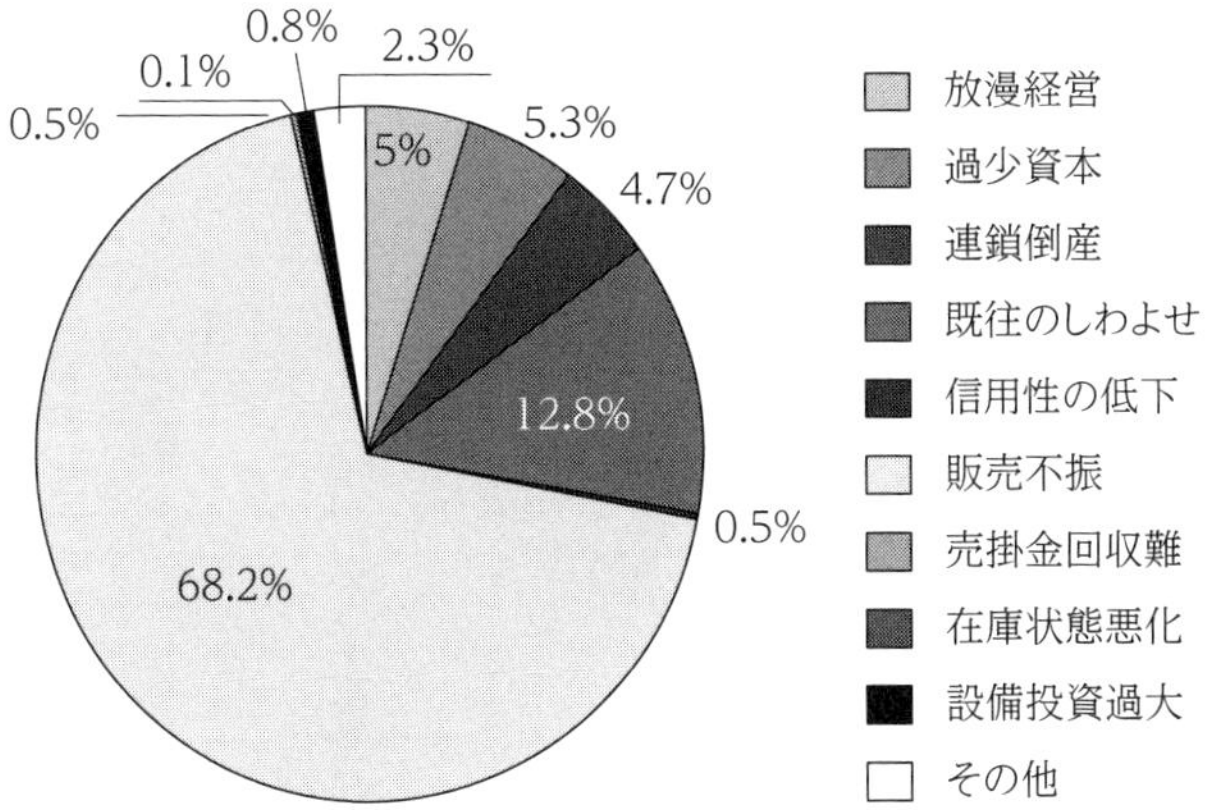

図表1-1　原因別倒産状況／中小企業庁2016年のデータより

構築などを含めた会社全体をデザインすることも含まれます。

このことは〝「デザイン経営」宣言〟として経済産業省と特許庁が２０１８年に発表しています。その宣言では、「デザイン経営」を次のように定義しています。

――「デザイン経営」は、ブランドとイノベーションを通じて、企業の産業競争力の向上に寄与する。――

つまり、デザインを企業価値向上のための重要な経営資源として活用することだと言っているわけです。

それでは介護業界はどうなっているのかというと、「介護は、売上不振などとは縁がない」とか「介護保険による収入なのだから、マーケティングなんて必要ない」などと言っていられる時代ではないのです。

高齢化社会となり、介護を必要とする人は年々増えています。ところが、現実にはたくさんの介護施設が潰れています。皆さん不思議に思われるかもしれません。

なぜなら、介護保険を使ったビジネスモデルなのですから、提供されるサービスの内容はどこの施設でもほとんど違いはありません。さらに、医療機関同様、保険による収入という安定感抜群の業態なのです。一般企業より堅い商売だと考えるのが普通です。にもかかわらず、なぜ立ち行かなくなるのでしょうか。

実は、介護保険を利用したビジネスモデルだからこそ起こり得る倒産だったのです。

私も初めは「なぜ?」と思っていました。しかし、いろいろ勉強するうちに「なるほど、そういうことか」とわかってきました。それが「人手不足」だったのです。

人手不足で事業継続がいきなり難しくなる。そんな業種は、そうザラにはないと思います。

「スタッフがいない=利用者数制限」

つまり、これ以上は受け入れてはいけません、という規制がかかってしまうのです。

2 介護保険ならではの決まり事

介護施設（サービス）の多くが介護保険を利用して経営しています。利用者の負担割合は、基本的には1割です（所得によって2割、3割もある）。残りは介護保険料と国や自治体の負担となります。その負担割合は、介護保険料が50％、国が25％、都道府県と市区町村が12・5％ずつとなっています。

したがって、多くを公的資金に頼る介護施設は「介護保険法」という法律の管理下に置かれることになります。決まり事がいろいろな面で細かく決められており、その中に人員配置に関する事項もあるのです。

デイサービスを例に取ると、**図表1－2**で示した人員が必要になります。利用定員10人以下と10人を超える場合で、若干人員配置基準が変わります。

さらに利用定員が15人を超えると、5人増えるごとに専従の介護職員を1名プラスしなければなりません。

このように、行政指導のもとで床面積や人員配置までが細かく規定されています

（兼務できる場合があるので、すべてがこの人員数とは限りません）。

では、特別養護老人ホームの場合はどうでしょうか。

基本的な職員の配置は、**図表1－3**のように定められています。

ここで重要なポイントとなるのは、「介護職員および看護職員の総数は、常勤換算方法

管理者	専従する常勤管理者として1名以上が必要。従業員管理や業務管理を主に行う。
生活相談員	通所介護の提供を行う時間数に応じて、その提供に専従する者1名人以上が必要。
看護職員	看護師、准看護師の資格が必要であり、定員の違いによって要件が若干変わる 〈利用定員が10名を超える場合〉 通所介護の単位ごとに時間帯を通じて専従する必要はない。ただし、提供時間帯に事業所と密接かつ適切に連携を行う者1名以上が必要 〈利用定員が10名以下の場合〉 専従の看護職員または介護職員が1名以上必要。生活相談員、看護職員、介護職員のうち、1名は常勤でまければならない
介護職員	通所介護の提供を行う時間数に応じて配置する必要がある
機能訓練指導員	看護師、准看護師、理学療法士、作業療法士、言語聴覚士、柔道整復師、あん摩マッサージ指圧師、いずれかの資格保持者が1名以上常勤する必要がある

図表1-2　介護保険法第93条、94条から要約（都道府県により異なる場合がある）

施設長	常勤1名。
医師	入所者に対し健康管理および療養上の指導を行うために必要な数
生活相談員	入所者の数が100またはその端数を増すごとに1名以上（常勤）。
介護職員または看護師もしくは准看護師（看護職員）	介護職員および看護職員の総数は、常勤換算方法で、**入所者3人に対して1名以上**（または端数を増すごとに1名以上）。看護職員の数は以下のとおり (1) 入所者の数が30を超えない特別養護老人ホームでは、常勤換算方法で1名以上 (2) 入所者の数が30人を超えて50人を超えない特別養護老人ホームでは、常勤換算方法で2名以上 (3) 入所者の数が50人を超えて130人を超えない特別養護老人ホームでは、常勤換算方法で3名以上 (4) 入所者の数が130人を超える特別養護老人ホームでは、常勤換算方法で3名に加えて、入所者の数が130人を超えて50人ごとに（またはその端数を増すごとに）1名を加えた数以上
栄養士	1名以上（ただし、入所定員が40人以下の場合、条件が整えば置かなくてもよい）
機能訓練指導員	1名以上。
調理員、事務員その他の職員	その特別養護老人ホームの実情に応じた適当な数

図表1-3　厚生省令「特別養護老人ホームの設備及び運営に関する基準」より抜粋・要約

で、入所者3人に対して1名以上（または端数を増すごとに1名以上）」です。

これが介護業界でいうところの「『3：1』の法則」です。簡単にいえば、1人のスタッフが3人の利用者（入居者）を担当するということ。このルールがあるがゆえに、スタッフ数から逆算して利用者数が制限されるというわけです。

昨今の人手不足の現状を鑑みて、国は現在この割合を「4：1」にすることを検討しています。これは、人材不足に苦しむ経営者には朗報です。しかし現場のスタッフからすれば、「担当人数が増える＝負担が増える」のは明確ですので、これまで以上の不満が噴出することが想定されます。

もちろん利用する側から見ても、担当人数が増えることで介護の質が落ちるのではないか、という心配が生じるでしょう。

このような介護の現場の状況を見知ってからは、「母の通っているデイサービスは大丈夫なのか？」と、当時は私も心配になったものです。

母がお世話になっていたのは小規模デイサービス（定員10名）だったので、社長さんも当たり前に現場に顔を出していました。そのため、お会いする機会もお話する機会もたくさんあって、私は社長さんに会うとよく「大丈夫ですか？」と聞いていました。経営状態をお聞きすることなどは大変失礼な話ですが、母のお気に入りの施設でしたから、閉鎖されては困ると案じていたのです。

ちなみに、その社長さんは今現在も頑張っておられます。

3 人手不足解消がカギだが……

スタッフの人員数で受け入れることができる利用者数（入居者数）が決まる、と説明してきました。つまり、スタッフ不足がいきなり売上を直撃するということです。通所タイプでも入居タイプでも、この構造は同じです。

日本全体における働き手不足という状況も踏まえ、過酷な労働条件に置かれがちな介護業界の人手不足は、かなり深刻です。

その一因として、２０００年の介護保険法制定によって一般企業（民間）の参入が可能になったこともあります。そのおかげで介護施設は徐々に増え、２０１２年頃から急激に増加したのはよいのですが、当然、人手は足りない状態になりました。

現状では、特別養護老人ホームの入居待ちは52万人以上といわれています。しかし、ベッドの稼働率の平均は96％で、１００％に満たないこともいわれています。

なぜ１００％稼働しないのでしょうか？

ここに、介護職員不足で入居者を受け入れることができないという現実が顕在化しているのです。前述の法的な決まり事によって、介護スタッフ１名に対して入居者が３名という基準が設けられているためです。

このように、介護施設を経営している事業者にとって介護スタッフの確保は、特別養護老人ホームに限らず、死活問題なのです。特別養護老人ホームが潰れるという、かつての介護業界では考えられなかったことが、現実に起きています（詳しくはコラム参照）。

●人員数を確保できなければ、事業が続けられない

●マーケティングやデザイン経営を理解し、実践していかないと生き残れない

これが介護現場に突きつけられている喫緊の課題です。スタッフを集めるにも、マーケティングが必要だということを忘れてはいけません。

2 負のスパイラルの現状

1 人手不足でスタッフが疲弊

「介護スタッフの人数に対して利用者の人数も決まっているなら、サービスの低下なんて起こらないのでは？」という疑問も湧いてくるかもしれません。

ところが、ギリギリのスタッフ数で回していたら、一人ひとりの守備範囲は必然的に広くなり、やるべき業務が増えてしまいます。休憩時間や休日にも影響してきます。

通所タイプのデイサービスだと、通常は月曜日から土曜日まで営業しています。

入居タイプの有料老人ホームなどは24時間年中無休です。訪問看護なども24時間対応しています。しかも、介護は人（利用者）と人（スタッフ）との間で交わされるやり取りがメインです。モノに対しての仕事ではありません。利用者それぞれに対するサービス提供は、10人いたら10人異なります。さらにはケガや事故のリスクも伴います。

つまり、スタッフには相当なストレスが発生しているものなのです。

多くの一般企業だと、週休2日で土日がお休みです。世間が週休2日なのに、介護だけ週休1日というわけにはいかない。今以上にスタッフが集まらなくなってしまいます。それは本当に困ります。

正社員に休みを与えるためには、パートタイムのスタッフも必要になります。それでシフトを組んで、週休2日や有給休暇の消化に充てます。しかし、もしも本当にギリギリの人数で回しているとしたら、休憩時間も休日もなくなってしまうのです。

〈スタッフが増えない→利用者が増えない→売上が上がらない→給与やボーナスに影響が出る→スタッフが増えない〉

こんな悪循環では、いくらモチベーションの高いスタッフでも、肉体的にも精神的にもさすがに疲れてしまいます。こんな状況が長く続くと、スタッフが増えるどころか、今いるスタッフが疲れて辞めてしまうという最悪の状況に陥ることになります。

〈スタッフが辞める→サービスが低下する→利用者が減る→売上が下がる→給料が上がらない→さらにスタッフが辞める〉

やはり、このような悪循環が生まれてしまいます。
スタッフが集まらない、または辞めてしまう原因は、得てしてその介護施設の経営者だったり施設長だったりします。あとはスタッフ間の人間関係です。原因は一般企業とあまり変わりません。

そのような施設を選んでしまうと、介護スタッフが永遠に定着せず、大事な家族を預けていても馴染みのスタッフができません。つまり、利用者である家族のことを理解してくれているスタッフがいないという状況になってしまいます。大事な家族を預けることに不安を感じるのは当たり前です。

2 給料、手当、処遇改善など

スタッフを四六時中募集しているような事業所の給与は、さほど高くないことがほとんどです（業界全体でもそうですが……）。そういう事業所だと、その同じ地域の介護職の募集の中でも、ランクがやや低く見えてしまいます。すると、さらに思うように人が集まりません。

地域ごとの最低賃金は法律で決まっているので、給与にも地域差があります。介護保険の点数にも地域格差があるので、例えば東京の介護職と群馬県のそれとでは給料が違ってきます。

余談ですが、埼玉に隣接している地域に住む群馬県人の介護職の人は、利根川を渡って埼玉県の介護施設に働きに行く場合が多いそうです。埼玉県のほうが給料が高いからです。（笑）

では、同じエリア内でも給与に差が出るのはなぜでしょうか？

「介護職員処遇改善加算」という制度が、人材の確保と定着を目的に２０１２年から運用されています。これは、現場でリーダーとして活躍している介護職員の賃金を引き上げるために、介護施設や事業所が介護報酬の加算を受けられるというものです。

❸ 介護保険収入だけでは……

介護保険制度は２０００年に始まって、３年ごとに見直しが行われています。前回の改正は18年でしたので、次の改正は21年になります。

介護保険からの収入なので、売上としては手堅いものです。しかし介護保険法という法律のもとに運用されていますので、自分で利用料金を決められません。

さらに、3年ごとの改正で介護保険の点数が上がったり下がったりします。つまり、何の前触れもなくいきなり売上が下がってしまう場合もあり得るのです。

介護事業者が介護保険の売上だけに頼ってしまうと、スタッフの給与アップやボーナス支給などにマイナスの影響が出てきてしまうことはなんとなく想像できるかと思います。

ビジネスの世界では、「複数の収入源を持つ」とか「特定の相手との取引だけに依存しては危ない」などは、当たり前に言われていることです。

ひとつの業種だけに頼っていると、不況になったときにもろに影響を受けます。また、特定相手との取引量が飛び抜けて多い場合、その相手が不況で業績不振になれば、厳しい値引き交渉をされたり他社に売上が流れたり海外に生産拠点が移されたりという、会社存続の危機がいきなりやってきます。そうなってから気づく企業は、おそらく生き残ってはいけません。

これは高級ブランドも例外ではありません。例えば、パリを本拠地とするモエ・ヘネシー・ルイ・ヴィトン（ＬＶＭＨ）グループというコングロマリットがありますが、60近い高級ブランドを傘下に置いています。

ファッションではルイ・ヴィトンやフェンディ、化粧品ではディオールやゲラン、時計・ジュエリーではタグ・ホイヤーやデビアス、酒ではドン・ペリニヨンやヘネシーなど。挙げればきりがないほどに有名なブランドを展開しています。

いくら高級ブランドでも流行り廃りはあるもので、経営不振になることもあります。そんなブランドをＭ＆Ａなどで傘下に入れて巨大化していったのがＬＶＭＨなのです。「ファッション界の帝王」とも呼ばれるグループの会長は、たとえ何かのブランドが売れなくなっても、また違うブランドが売れてくれればそれでいいという考え方なのでしょう。

ほとんどの介護事業者は、実はこの真逆をやっています。介護保険以外の収入源がなく、介護保険に全面的に依存している状態なのです。ある程度の規模感があるところならばまだよいのですが、小規模の事業者では改正の影響をもろに受けてしまいます。

ただ、介護業界にもデキる経営者はいます。デキる経営者はこの現実をちゃんと理解していて、介護から派生するジャンルの違うビジネスなどで、介護保険に頼る以外の売上をつくっています。また、同じ介護保険サービスであっても業態に幅を持たせたりして、展開を大きくしています。

前者の場合は、介護保険以外の収入があれば、改正の影響を受けてもスタッフの給与アップやボーナス支給にも対応できます。後者の場合は、ある施設の売上が下がっても、違う施設や違うサービスで下がった分を補うことができます。

このような形であれば、スタッフのモチベーションも保てますし、介護サービスの質を上げることもできます。

介護保険収入だけに依存している小規模の施設で起こり得る「負のスパイラル」をまとめたのが、**図表1-4**です。

図表1-4　負のスパイラル

3 入社1年目で37%、3年で70%超えの離職率

1 人間関係が最悪

図表1－5は、産業別の入職率と離職率を表したものです。やはり飲食サービス業が目立ちますが、医療・福祉でもかなりのものです。どの業種でも入社する人がいれば辞める人も存在します。私は今まで離職率などあまり気にしたことはなかったのですが、介護業界での実態を聞いてビックリしました。

介護施設の経営者さんのセミナーに参加したときに聞いた数字は、「入社1年目で37%」、「3年目で70%超え」というもの。

初めて聞いたときには、理解するのに時間がかかりました。それほど驚異的な数字です（このセミナーの経営者さんの施設の話ではありませんので、念のため）。10名入社したら1年以内に4名がいなくなり、3年以内に相当数のスタッフが入れ替わるという衝撃の事実。それほどに人員が定着しない介護施設が多いということ

です。

これは、利用する側にとっても重大な問題です。

私もデイサービスの現場に入ってわかったことですが、介護の仕事は好きじゃないと続かない仕事です。「好きこそ物の上手なれ」という諺がありますが、ホントに介護という仕事が好きで、利用者さんが好きじゃないと続かない。そして質も向上しない。そんなことも、つくづく感じています。

でも楽しい仕事です（ホント

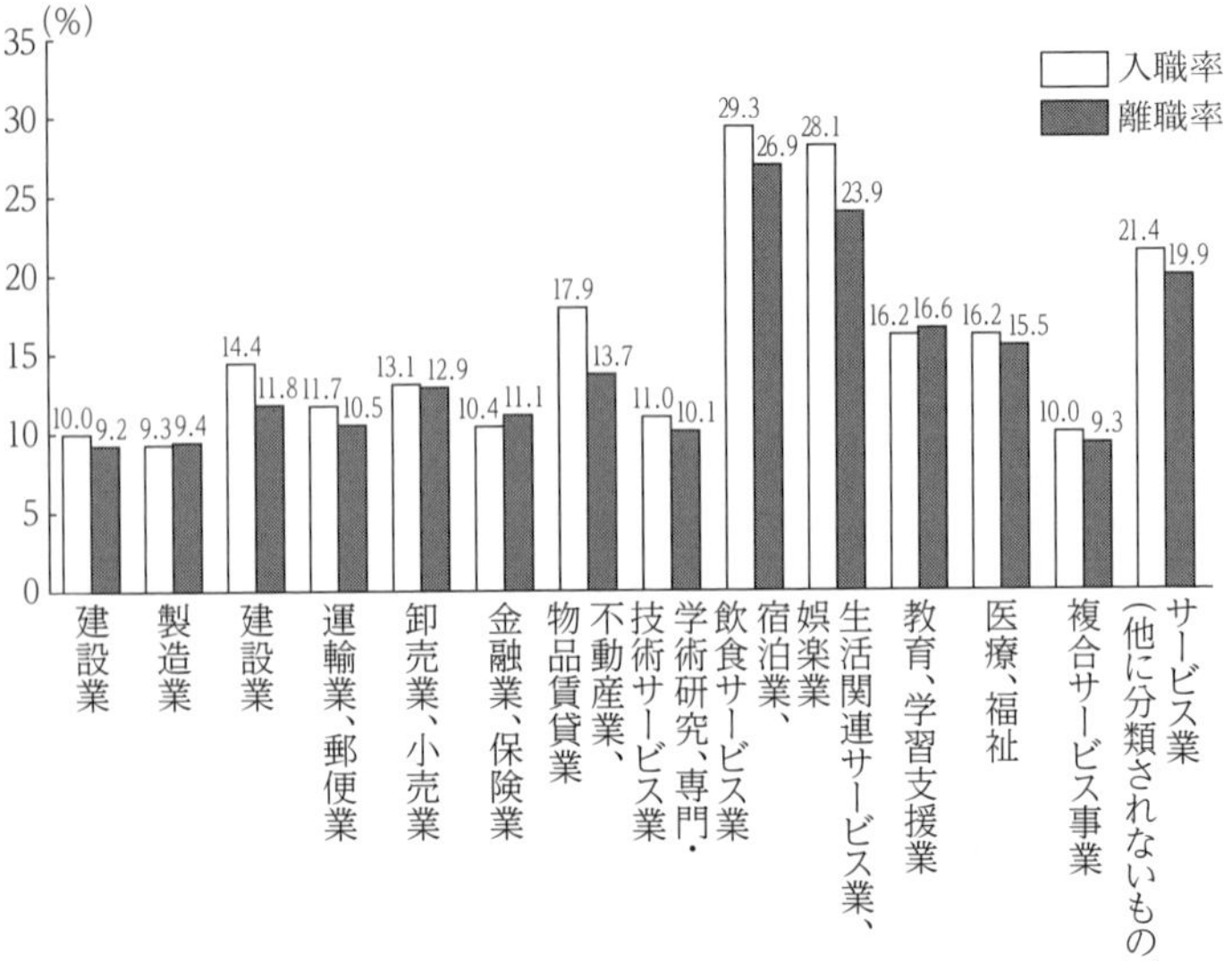

図表1-5　産業別入職率・離職率（平成30年）厚生労働省HPより

です！）。

では、どうして介護の仕事は長続きしないのでしょうか？

どの業種でもそうでしょうが、人が会社を辞める場合、人間関係が退職理由の上位にランクインします。理由として挙げやすいこともあるかもしれませんが、介護業界では紛れもなく第1位は人間関係です。

先輩と後輩、管理職と部下、経営者とスタッフ、正社員とパートタイマーなど、いろいろな人間関係が絡みます。私の耳にもいろいろと話が入ってきます。

例えば、現場でパワーハラスメント（パワハラ）やいじめが普通に横行している施設があります。施設長やその取り巻きが、入ってきた新人スタッフをいびる（？）というものです。

本人たちは、いびっているつもりはないと主張します。仕事を教えているだけだとか親睦を深めているだけだとか、よくある言い訳ですが、構造的にはいじめと同じです。しかし、その物言いや態度などは、世間から見れば紛れもなくパワハラです。

その次に始まるのが、一度教えると「もうできるでしょ。あとはやっといて」という〝放置プレイ〟です。これを介護職員初任者研修(かつてのホームヘルパー2級)修了者などに対して、その人がどれくらいの経験を積んできているかなどまったく関係なく押しつけられます。それも、最も介護負担の大きい利用者さんをわざと任せる。これでは、経験の浅い人であればすぐに嫌になってしまいます。

ところが、です。こういう仕打ちを耐えて生き残ると、叩き上げられた職人気質なスタッフが生まれます。その施設の叩き上げローカルルールや介護業界あるあるルールが生まれ、継承されてしまうのです。これが世間からは非常識に映ります。

叩き上げの管理者になると、部下や後輩、新人に対して、何の疑問も持たずに自分が通ってきた道と同じ道を歩くよう、スタッフを教育(?)します。それがその人にとって普通であり、当然のことだからです。「仕事は身体で覚えろ」的な職人型の介護施設、あるいは前時代的な体育会系介護施設ともいえるでしょうか。

さらに、介護業界しか知らない人たちが多いのも、原因のひとつと考えられます。

他業種や他業界の経験がないのです。実際に、他業種他業界から介護の仕事に入ってくる人は極端に少ない。そのごく少ない他業種からの転職組には、介護業界はかなり異様に映るらしいのです。

その一方で、他業種他業界で職に就けなかった人が介護業界に回ってきているという現実もあります。かなり多いと思われます。これもまた曲者です。仕事に対しての熱意は低く、教育・育成のリテラシーが極端に低いのです。

施設の経営者側も人員不足で、背に腹は代えられず、適正を後回しにして採用してしまう場合があります。これには、前述した人員配置の定数の問題が関わっています。スタッフ数が足りなければ利用者を受け入れられないし、既存スタッフの負担を軽減できないからです。

そして困ったことに、スタッフの頭数さえ揃えればいいと思い、教育や育成に取り組まない経営者も多くいます。現場任せでノータッチなのです。仕方なく介護職に就いたようなスタッフを教育しなくてはいけない現場スタッフの負担も、想像して余りあるでしょう。

このような、教育の体制も仕組みもない、根本的な解決策（なぜ辞めてしまうのか、どうすれば辞めないのか）を模索しない介護事業者が離職率を上げています。

私の知人で、住宅型有料老人ホームの施設長を務めている人（他業界からの転職組）が次のようなことを言っていました。

「今は人手不足で、辞めてもすぐに他の施設が見つかる。それも離職率を上げている理由ではないか」と。

そのとおりです。いとも簡単に転職する。仕事や会社に対して想い入れがないからです。そういう流動的な人は、決して仕事のレベルが高いとはいえません。適正としては疑問符がつくタイプです。また、「前の職場ではこうでした」「○○の施設長はこうでした」「○時になったので帰ります」などと、いきなり自己主張（？）をぶちまけてしまうタイプの人もいます。

会社に対する帰属意識がまったくないスタッフが多いのも事実なのです。

2 待遇が不満の原因に

その昔、3Kという言葉が流行りました。「キツイ、汚い、給料が安い」の3Kです。

介護業界=3Kというイメージが定着（?）していますが、決してそういう事業者ばかりではありません。もちろん、今でも3K事業者が多いのは事実ですが……。

それはともかく、現場の不満でよく聞かれるものを挙げてみましょう。

①給料が安い
②休みが少ない（祝祭日は休めない）
③休みを取りづらい（有給が消化できない）
④頑張っても評価されない（評価体制がない）
⑤遅刻はカウントされるが、残業はカウントされない

ここまでは待遇のことです。

⑥指示命令系統がはっきりしない、横の情報伝達が悪い
⑦新人が一番キツイ仕事をさせられる
⑧無茶振りや押しつけ的な指示を出される

ここまでは現場でのことです。

⑨正社員とパート（フルパート、パート）の間に壁がある
⑩上司と合わない、先輩と合わない

これは人間関係のことです。

この中でも、やはり待遇への不満が大きいと思います。そして①の「給料が安い」は、中でも最大の問題です。家族を持つことが難しく、将来に不安を感じてしまいます。男性は特に感じるでしょう。実際に「家族を養っていけないので」と、介護業界を去る人もいます。

女性スタッフの場合は、旦那さんが介護以外の仕事に就いていることも多く、し

たがって給料が多少安くても「介護が好き」という理由で続けられているケースもあります。

給料の問題は、地域性と経営母体の大きさに左右されますので、もちろんすべての施設に該当する話ではありません。もちろん他業界でも聞かれることですが、給料の多寡という問題は、給料と仕事内容が見合っているかどうかにかかってきます。介護の仕事は、給料と仕事内容のバランスが悪いのです（**図表1－6**）。

介護は人が人にサービスを提供

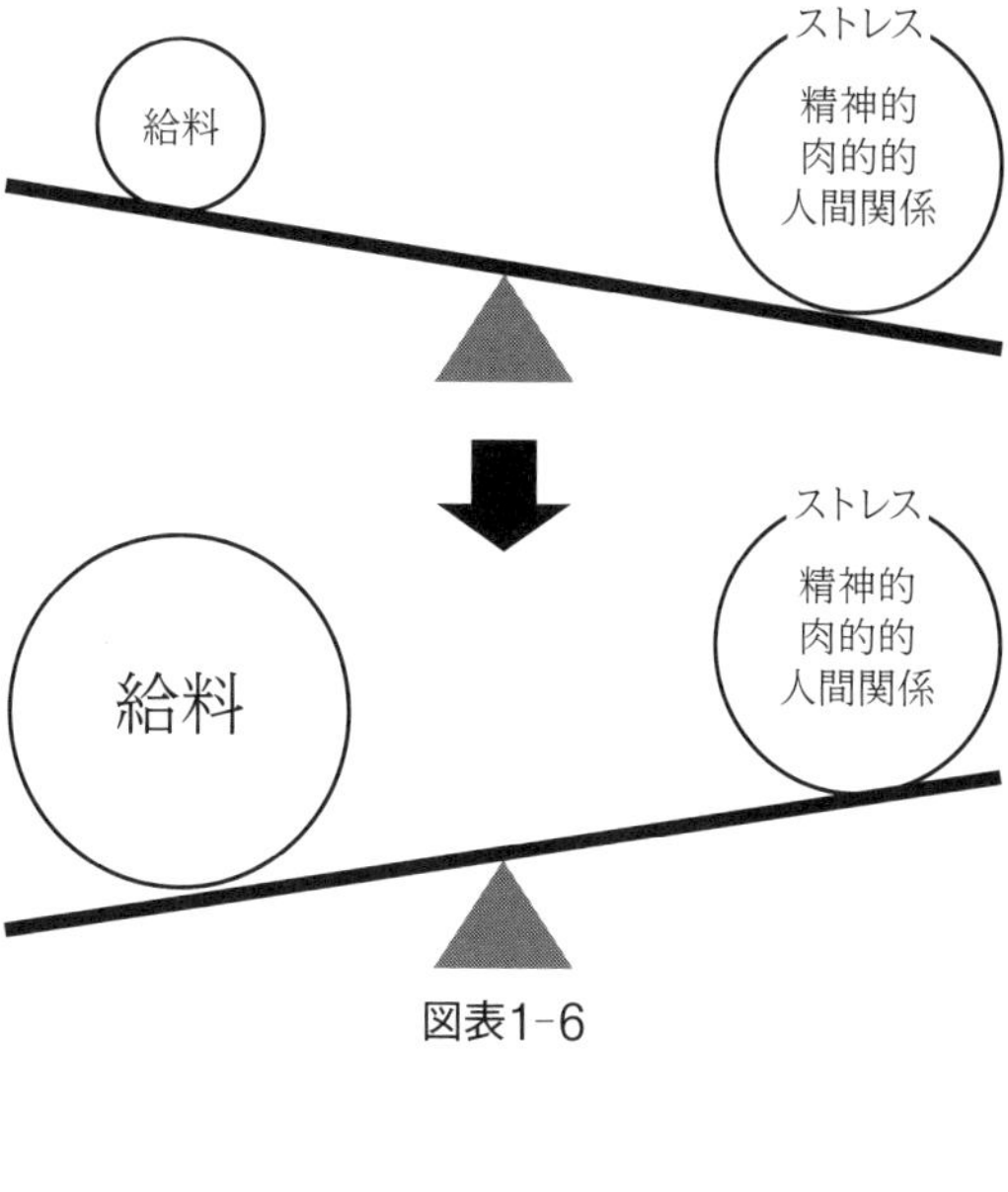

図表1-6

しますので、神経は使う、体力も使う。しかも、そこに人間関係がオンされます。それに見合った金額を得ていれば、ストレスや多少の人間関係も我慢できます。見合っていないからこそ、何かのきっかけで辞めてしまうのです。

②はもちろん、③の「休みを取りづらい」も、ギリギリのスタッフ数で回している施設では特に深刻な問題です。

④の、評価制度やキャリアアップ制度がない会社は、介護だろうが一般企業だろうが関係なく、優秀な人材は定着しない時代です。

⑤に至っては、「ブラック企業」の最たる例です。どんな業種でもあってはならないことに違いありません。

残りの「現場の仕事環境」、「人間関係」も含めて、離職率の低い介護事業者（施設）とはどのようなところなのか、第3章で詳述します。

COLUMN

特別養護老人ホームでさえ潰れる？

特別養護老人ホーム（特養）を運営しているのは、社会福祉法人（社福）です。2000年に介護保険が施行され、民間の参入ができるようになりましたが、特養は許可されていません。社福だけと決められています。

社福しか運営できないはずの特養が、なぜ潰れてしまうのでしょうか。

その最大の原因は、本文でも述べたように人手不足です。入所待ちの人は大勢いますが、人員規定で受け入れられない現実があります。しかし、潰れてしまうほどの理由になるとは考えられません。

知らない方も多いと思いますが、実は社福には法人税がかかりません。さらに、特養以外の介護施設も運営することができます。

例えばデイサービスなどです。

民間（株式会社など）がデイサービスを運営して3000万円の売上が出たとします。民間の場合は法人税で30％程度持っていかれます。しかし、社福が運営するデイサービスが同額の3000万円を売上げたとしても無税なのです。

民間だと1000万円近くを税金で持っていかれ、社福だと税金で引かれる分の1000万円がそのまま残ります。社福の給料が高いのは、このような理由からです。これだけ優遇されている社福が運営している特養でさえ潰れているのです。

介護業界に驚きの衝撃が走るのもわかります。

第2章
介護業界の常識は世間の非常識

1 介護業界と世間一般企業との違い

1 固定観念から逃れられない

すでにご紹介したように、介護保険制度が始まったのは２０００年です。そのときに事業を始めたとすると、現時点ですでに20年も経過していることになります。ところが、その当時の感覚そのままに旧態依然としたやり方でスタッフを募集し、利用者を確保しようとする。そんな、20年前と同様の経営を続けている介護事業者には、どうにも将来性が感じられません。

そういう施設の経営者に限って、人手が足りないだの人材が集まらないだの、利用者が確保できず売り上げが減ってきただの、いつも愚痴ばかりを口にしている気がします。もちろん、２０００年以前から開設している事業者であっても同様です。

しかし、そうなるのは当たり前です。20年近く前と今とではいろいろなことが違います。インフラ環境も違いますし、働く人たちのライフスタイルも、考え方も違います。そういった変化に鈍感な事業者は、利用者やその家族のニーズもわからないし、その変化にも気づかない。もちろん、働く人のマインドの変化にも気づきません。

「ウチには関係ない」とか「ウチには何も問題ない」と思っている経営者もたくさんいます。しかし、今は利用者数が定数に足りていても、失礼ながら中には亡くなる利用者もいます。しかも、それは突然起こります。「○人いなくなった！　大変だ！」と慌てても遅いのです。

今現在働いているスタッフも、定年までいてくれるとは限りません。突然辞めるかもしれないし、若いスタッフでも出産や育児で辞める人がいるかもしれません。

そのようなリスクに対して、危機感がない介護事業経営者がとても多いのです。

2 今どきホームページがない？

ある程度の規模の一般企業で、ホームページがない会社があったらどう思うでしょうか。怪しいと思うかどうかは別として、どんな会社か、社長はどんな人か、設立や沿革、資本金、取引先は……など、知らない会社を事前に調べる手段は、今やネット検索頼りです。検索にかからないと、ちょっと困ります。

何らかのコンタクトを取ろうとすれば、まずは相手の会社のホームページを見て、事業規模や堅実性、信用性を判断する。そういう事前の情報収集をしっかり行ってから、実際に行動を開始するのではないでしょうか。大きな会社であれば、契約前に帝国データバンクなどを使って相手の信用調査をするものです。

もっとも、怪しい会社ほど信用度を上げるべく、手間もお金も使って見栄えがよく完成度の高いホームページをつくっていたりします。油断も隙もない、ということは頭に入れておくべきでしょう。

ともかく、インターネットが欠かせない時代になっているにもかかわらず、介護業界ではいまだにホームページを持たない事業者が山のようにいます。

「介護」という、人と人との触れ合いと信頼の上に成り立つサービスを提供していながら、ホームページすらない。それでどうやって経営理念を伝え、どうやって信頼を得て、どうやってサービスの内容を伝えるのでしょうか？　今の時代の常識では考えられない事業者が、実はゴロゴロしているのが実態です。

利用者はケアマネジャーが連れてきてくれるものだと、いまだに信じている経営者も多くいます。確かにケアマネジャーなどが紹介するスタイルは、基本的には変わりませんが、利用者家族の情報収集力をあまく見すぎているとしか思えません。

加えて、利用者家族がネットで懸命に情報収集するだけではなく、今は求人もネット検索の時代です。求職者も、まずネットで仕事を探して、次にどんな会社なのか、どんな仕事内容なのかを調べます。その上で応募するかしないかを判断しています。

ホームページがない状態では、募集したところで人が集まらないという結果につながってしまいます。将来的にスタッフ不足に陥り、サービスの質にまで影響するかもしれません。

また、介護施設をいろいろと紹介しているポータルサイトもいくつかありますが、そのサイトへの掲載だけしかしていない施設もあります。ホームページは持たなくても、それで十分だと思っているようです。簡易的なサイトですから、詳しい内容までは当然ながら掲載されていないにもかかわらず、です。

総じて、介護業界にはＩＴ弱者が多いように感じます。ブラウザのアドレスバーがわからず検索窓に入力したり、ブラウザの種類を聞くと「Yahoo!」と答えたりする人たちのなんと多いことか！

２０１９年頃のスマホの保有率は85％前後。20代30代は90％を超え、40代50代も85％を超え、60代でも70％に迫る勢いです。これから利用者になる潜在見込客も、スマホ利用者です。そして若い労働力はデジタルネイティブ世代の人ばかりです。

このように、ＩＴやインターネットが苦手といっていても、介護の世界でもＩＴ化やネット化は進んできています。この波に乗れない事業者は、この先スタッフの確保も利用者の確保も、間違いなく難しくなっていくでしょう。

３ デザインやネーミングのセンスがない

介護の世界は、「介護らしさ」「介護っぽさ」「介護だから」といった呪縛から脱出できないでいます。

例えば、施設の名前（社名とは別）、ロゴやマークのデザイン、色使いなど、なぜだか「介護らしさ」を追求した（?）センスのないものが多く見受けられます。それらを落とし込んだ名刺や封筒、ユニホーム、送迎車輌、看板、パンフレット、チラシなどを見ると、「介護らしさ呪縛」のオンパレードです。あなた自身が介護施設を探し始めたとしたら、すぐにそのセンスのなさに気づかれると思います。

なぜそこから脱出できないのか？　そこには、「介護だから」という狭い了見にとらわれたままでいること。そして旧態依然とした見識しか持ち合わせていないことがあります。

同じようにホスピタリティを提供する、世界の一流ホテルのロゴマークと比べてみると、違いに愕然としませんか？　例えば、「デイサービスに通ってま～す！」とご近所さんに宣伝しているかのような送迎車輌や介護施設っぽいネーミング。はたして利用者はそれを望んでいるでしょうか？　もちろん、まったく気にしていない利用者もいるでしょう。しかし私などは、施設側の広告宣伝だと思ってしまいます。「どれも似たような名前で、覚えられない」「ちょっと変な名前だな」と思っている利用者も、かなり多いと思います。

デザインのブラッシュアップが差別化につながるということを理解していない経営者は、いまだに多くいます。前にも述べましたが、介護サービスはどの事業者でも品質の違いこそありますが、提供される内容はあまり変わりません。その中で手っ取り早く差別化できるのがデザインなのです。

要点は、「介護らしさ」を払拭したデザインであること。施設名のロゴマークに始まり、施設のエントランス、外装・内装、テーブルや椅子、床・壁などのインテリア、ユーザーインターフェイス（ＵＩ）食器・カップなどで大きく変わります。

しかしながら、新規オープンで、しかも若い経営者であっても、センスのかけらも感じられないロゴや施設名になっている施設があります。「介護らしさ」を追求してのことなのかどうかわかりませんが、わざわざ「介護らしさ呪縛」に入らなくてもいいのに、と思ってしまいます。

4 広告・宣伝を軽視

「営業先はケアマネジャーだ！」と、頑なに思い込んでいる古いタイプの経営者も、いまだに多いようです。

もちろんケアマネジャーを通して利用者が来るという構図は正しいのですが、利用者家族が情報収集をしないと誰が決めたのでしょうか。

時代の流れを理解している事業者は、ケアマネジャーに対してではなく、直接、潜在・顕在利用者に対して折り込みチラシやポスティング、タウン誌への広告掲載などで積極的にアプローチしています。

私の知っているデイサービスの経営者の話で、潜在利用者とそのご家族に直接アプローチしたら、デイサービスに通う気になってくれたという事例もあります。この経営者は、情報発信と広告・宣伝の重要性に気づいて、ＳＮＳでの情報発信も積極的に行っています。

ただし、余談ですが、実はこの話にはオチがあります。デイサービスに通う気になった利用者ですが、ケアマネジャーを通さないと施設側は受け入れることができないわけです。そこでエリア内にある地域包括支援センターに話を通して、あとの手続きなどを託したそうです。ところが、事もあろうに違うデイサービスを紹介して入れてしまったのです。そのとき担当になったケアマネジャーは、自身の系列の施設にその利用者さんを強引（?）に入れ込んだのです！

しかしながら、こんなことが普通に行われているのが介護業界です。商道徳的なものが存在しない、意識レベルが低い人たちもまた、少なくはないのです。

私も聞いてビックリしましたが、その経営者は「二度とこんな目に遭わないように」と、自社でケアマネジャーを雇用することにしたそうです。

5 分業化の感覚が希薄

介護にはホスピタリティも大変重要です。そのため、最初から最後まで、一から十まで同じ人が担当するのが通常だと思われています。

例えば通所タイプだと、「送迎～バイタルチェック～入浴～食事提供・介助～トイレ介助～レクリエーション～送迎～掃除」（＋事務作業）という一連の業務がすべてこなせることが当たり前になって、初めて一人前ということです。入居タイプですと、ここに夜勤も加わります。

しかし、今の時代は人手不足です。1人にかかる負担が大きくなれば、疲労が重なって身体を壊すなどして辞めてしまうリスクが高まります。介護人材の消失を防ぐためにも、プロパースタッフの負担軽減のために、以下のような業務の分業化を進める介護事業者も出てきています。

●送迎専門スタッフ
●食事スタッフ（調理、配膳、下膳、洗い物）
●入浴サポートスタッフ
●清掃スタッフ
●洗濯スタッフ
●夜勤スタッフ

このように仕事内容を細分化し、資格や経験が必要なところにプロパーの労力を集中させ、掃除や調理、洗い物、送迎などの、介護資格がなくてもできる仕事はパートを雇って分業します。

入浴介助などは、資格はもちろんですが経験が何より重要です。そういう場面では、有資格者で第一線を離れてしまった人の短時間の起用も考えられます。夜勤スタッフの場合も同様です。

介護業界でも業務の細分化を進めて、分業と注力で介護サービスの向上と人材不足解消、スタッフの離職回避を目指していただきたいものです。

6 社会人としての意識の低さ

介護施設で働くスタッフは、最初から介護の仕事に就いている人が多いと述べましたが、転職するとしても「介護」というくくりの中で、施設間・業態間を転職する場合がほとんどです。

その逆に、介護以外の業種から介護の仕事に入ってくる人は極端に少ないのも実情です。

このように介護業界育ちのスタッフは、その施設のローカルルールだったり、その業態の独自ルールだったりがすべてだと思ってしまいます。ある意味仕方ない部分もあるのですが、改革が必要な時代にはそういう既存のルールに縛られたスタッフだけでは変化を受け入れられません。

私の知人男性が、有料老人ホームの経営者に頼まれて、介護経験ゼロなのに施設長をやってほしいと懇願されました。彼はその経営者との人間関係から引き受けたわけです。

彼はとりあえず、初任者研修を取得して、現場を経験するためにその施設に入ったそうです。もちろん次期施設長として現場を知るためです。経営者の知人といっても完全なアウェー状態です。現場のスタッフに介護についての教示や指示を受けたらしいのですが、相当ひどかったといいます。

確かに彼は新人ですが、年上であり次期施設長なのに、タメ口かそれ以下だったと話していました。このような口の利き方は、普段の利用者との対応の場面でも出てしまうもので、横柄な態度や上から目線の物言いになってしまいます。

彼は社会経験豊富で、会社役員を勤めた経験もあります。そんな彼に白羽の矢を立てたその経営者は、よっぽど現状を変えたかったのでしょう。それくらいインパクトを与えないと、現状は変わらないということです。

2 自分の職場に自分の家族を預けられるか？

1 わずか7％の悲劇

「自分の働く介護施設に、自分の家族を預けますか？」というアンケートを取ったら、ほとんどの人が「NO」だったという悲惨な実態があります。「YES」はたったの7％弱だったそうです。

利用者の家族からしたら、この数字を聞いて「おいおい大丈夫か？」と思って当たり前です。しかしそれが実情であり、働いているスタッフの本音なのだと理解しておく必要があります。皆、自分の働いている介護施設に自信が持てないようなのです。

こういう状況からも、あなたの家族にとって適切で信頼・安心できる介護施設に出合えることが、いかに難しくて貴重なことなのかがわかると思います。だからこそ、あなたの情報収集力、つまり自分の目で見た観察と直接話を聞くヒアリング、さらにあなたの感性が重要になるのです。

自分の家族を自らが働く施設に入れたくないとは、よほどその施設の嫌なところやダメなところが見えているからなのでしょう。それが何かは、施設によってそれぞれ違うと思われるので一概にはいえません。例えば……。

●経営者や経営スタンスに問題があるのか？
●介護施設に問題があるのか？
●利用者に問題があるのか？

●スタッフ間の人間関係なのか？
●施設長など上司に問題があるのか？
●待遇や休日などに問題があるのか？

原因がこのうちのどれか1つなのか、複数の問題が絡み合っているのか、わかりません。いろいろ考えられるのですが、外側から見ただけではわからないことです。例えば、上司から利用者確保に力を入れろと指示が出たとします。そもそも自分の家族を預けたくないと思っている施設です。そんな施設のために営業などしたくありません。ケアマネに対する営業だったり利用者家族への説明だったりするわけですから、精神的にもつらいし、参ってしまうでしょう。

私たちとしては、そのような介護施設や介護サービスを選ばないようにしないといけません。

問題のありそうな介護施設と、信頼・信用に足る施設の違いを、あなたの感性と本書でお伝えするテクニックで見極めてください。

2 介護施設に転職

また、親の介護をきっかけに介護の仕事を始めるというケースもあります。親が介護サービスを受けていると、いっそのこと親の近くで仕事をしたほうがよいと考えるのかもしれません。

私の知人に、50歳代男性で、お母様の介護をしながら介護事業所で働いている人がいます。

ある日、突然お母様が脳出血で救急搬送されました。彼の頭の中に「看護」と「介護」の文字がちらつき、「このままでは介護離職をしなくてはいけなくなる」と思ったそうです。その当時、卸市場の青果の競り人だったそうですから、介護とはまったく関係ない職業だったわけです。

しかし彼は、親不孝をしてきたことの後悔もあって「先に転職しちゃえ！」と心を決めます。さらに、転職するならいっそのこと介護業界に飛び込んでしまえ、と思ったのだそうです。そのときはまだ40歳代の前半。ですが、これから介護と長いつき合いになると判断したのでしょう。

そんなこんなで彼は介護業界に転職を果たし、いくつかの介護施設を巡り、たどり着いた今の会社では、運営しているデイサービスの施設長にまで登りつめました。もちろんその会社のデイサービスにお母様を通わせて、サービス付き高齢者向け住宅に住まわせています。自分の目の届くところにお母様を置いているのです。

現在は施設長を卒業して、次世代の介護人材の育成のための研修等を行うなど、全国的に活躍しています。取得した資格は、介護福祉士に始まって認知症介護指導者、認知症ケア専門士、レクリエーション・インストラクターなど、全部で９つあります。ここまでくると超一流です。

このように、自分のいる職場やグループ施設に家族を預けている人がいる介護事業所は貴重です。そのスタッフには、ぜひ話を聞いてみましょう。

3 介護施設の近況——オーナー会社と運営会社

1 介護保険施行で一般企業が参入

図表2-1で示したように、法人格によって運営できる介護サービスの種類は異なります。

社会福祉法人（社福）は、特別養護老人ホーム（特養）やデイサービス、ショートステイなどが代表的です。

医療法人（病院などの系列）は、介護老人保健施設（老健）

社会福祉法人（非営利法人）	第一種社会福祉事業	特別養護老人ホーム、児童養護施設、障害者支援施設、救護施設など	また、公益事業として「子育て支援事業」「入浴、排せつ、食事等の支援事業」「介護予防事業、有料老人ホーム、老人保健施設の経営」などを行うことが認められている
	第二種社会福祉事業	保育所、訪問介護、デイサービス、ショートステイなど	
医療法人（非営利法人）	デイケア、介護老人保健施設、介護予防のためのリハビリテーション、通所介護など		
株式会社（営利法人）	居宅介護支援事業所、訪問介護、デイサービス、小規模多機能型居宅介護、有料老人ホーム、サービス付き高齢者向け住宅など		

図表2-1

が代表的です。もちろん幅広くやっているところも多数あります。

株式会社は、通所タイプや訪問看護、訪問介護、入居タイプと幅広いのですが、1つに絞っているところもあれば、複数の業態で展開しているところもあります。

一般企業参入に加えて、M&Aの増加も最近の傾向です。

その多くは、経営者が高齢になるなどして事業承継が困難になったときに、事業所を丸ごと手放すというケースです。地方の個人経営の場合が多いのですが、施設が閉鎖されると利用者さんが困りますから、なくならないでよかった、というところでしょう。

また、利用者はそのままで、施設の権利を譲渡して上物を賃貸物件として家賃収入を得るオーナーのケースもあります。

2 参入企業の顔ぶれ

一般企業が参入してきたことで、介護事業を運営する母体会社は大中小さまざまとなりました。数種類の介護事業を展開する中小企業から、まったく異業種である大手資本の参入まであるという状況です。

異業種大手企業の有名どころでは、損害保険、住宅・建築、不動産、医療事務、教育、警備、外食チェーンなどが参入してきました。大手企業が始めた介護サービスと聞くと、知名度がある分、たとえ異業種からの参入でも安心感があるようです。大手は潤沢な資本を投入して、多店舗展開（施設を量産）していきます。そうしないとスケールメリットが出ないからです。

また、大手は本業の他にいろいろな事業展開をしていますので、企業体としての安定感はあるでしょう。しかしその半面、不採算部門はバッサリと切り捨てます。本業の経営が悪化して損失が出れば、穴埋めするために他の黒字の事業を売却することもあります。

大手だから潰れないとは言い切れない。これは頭に入れておくべきです。

私の知っている、住宅型有料老人ホーム＋デイサービスのビジネスモデルの話です。

土地・建物は住宅建築会社の所有で、施設を運営する会社はまったく別の、介護をよく理解した経営者さんが立ち上げた会社が運営しています。このように、土地・建物のオーナーと介護施設を運営する会社が分かれているような形態だと、両方の会社にメリットがあります。

オーナー会社は自社物件を運用できます。社会貢献やＣＳＲの面からもプラスの効果が狙えます。

運営会社は小資本で始められます。土地や建物を買ったり建てたりという初期費用がかからないので、借入金が少なくなります。家賃はかかるけれども、借入が少なければ経費も抑えられるので、当然利益も出しやすい。こうして健全な経営ができれば、介護の質を上げることに注力できる。そうなると利用者が増えて売上が伸びるという好循環になるのです。

3 医療法人系介護施設のわな

退院後に介護施設へ入所する場合、病院から施設を指定されてしまい、利用者側が施設を選べないこともあります。病院が運営・経営している介護施設を紹介されるケースで、そのまま押し出されていく「ところてん方式」的なものです。利用者の家族としても「お世話になった病院の系列だから」と、納得してしまうのもうなずけます。

大きな病院の隣や敷地内に調剤薬局があるのはよく見かけますが、ちょっと郊外にある大きめの病院には介護施設が併設されていることもよくあります。介護老人保健施設（老健）である場合が多いのですが、なぜならケガや病気で入院して、その後のリハビリが必要な人の受け皿として機能するからです。

前述したように、90日以上の入院は病院の売上を圧迫しますので、その前に退院させたいという思惑もわからないではありません。入院が90日に達する前に一度退院させて、自社系列の介護老人保健施設に一時避難させる。しかし、ここで注意していただきたいのは「病院⇅介護施設」「介護施設⇅系列の介護施設」のように、利用者をあたかもキャッチボールのように扱うことです。その患者さんを他所の介護施設に行かせるくらいなら、自分のところで施設を運営して取りこぼさないほうがお得だという発想でしょうか。そうやって点数（売上）を稼ぐ、悪くいえばあくどいやり方をする施設もあるのです。さすがといえばさすがですが。

これに加えて、最近ではデイサービス、デイケアなども揃えて病院のための潜在顧客の囲い込みをするかのような事業態も増えています。

こんなケースもあります。

脳出血で入院、治療を経て退院した場合ですが、身体に麻痺が残るとリハビリ施設として老健を勧められます。すると家族は、「リハビリもやってくれる入居タイプなんて、いいじゃない！」となります。特に初めて介護が必要になった患者さんの場合は、ご家族も勝手がわからないので、ソーシャルワーカーやケアマネの言うことを鵜呑みにしてしまいます。知らないのですから当然です。

介護を初めて経験する家族は、当然ながら老健とは何かという基礎知識もありません。これも前述しましたが、まず知っておくべきは、老健は在宅を支援する施設なので、基本的には3カ月で退所させられるということ。つまり、3カ月で回復すれば問題ないですが、麻痺がまだ残っている状態で家に戻されることもあり得るのです。そうなれば「家で介護なんてできない！」と困り果ててしまうことになります。

そんな追い詰められた状況のときに、誰かが「いい方法がありますよ」と囁くのです。同じグループ内で運営する別の施設である、「ショートステイ」というところを紹介されるのです。

つまりこういうカラクリです。

老健を3カ月で出されたあと、ショートステイで2週間ほど滞在して、その後また同じ老健に戻るという裏技です。老健とショートステイを行ったり来たりという無限ループです。そして、もし再発したらグループ内の病院または系列の病院に入院です。そして退院すると、老健とショートステイを繰り返す無限ループが再び始まります。何だか○○商法的のやり方を聞いているような……。

もうひとつ、老健について知っておくべきことは、老健でのリハビリの内容です。1日に長くて10分程度。たったそれだけ。それ以外は放置されたままです。この驚くべき事態に気づく頃には、認知症が発症しているかもしれません。ご注意ください。

介護サービスを初めて利用するとき、または施設に初めて入居するときに利用者家族を襲う罠（?）は、現実に存在しているのです。

第3章 人の集まる介護事業所

1 経営理念が必要不可欠

1 人が辞めない施設は何が違うのか

介護業界の離職率の高さと、職場環境に対する不満については前述しましたが、そうはいっても、離職率の低い介護事業者（施設）も厳然と存在します。

では、何が、どう違うのでしょうか。

①社長（経営者）の強烈なリーダーシップがある

ベンチャーに積極的で、かつ成功しているような事業者のトップは、強力なリーダーシップを発揮し、スピード感を持って突き進んでいます。

そういうトップがいる事業者には、そのリーダーのキャラクターが好きだという人が集まります。したがってスタッフも簡単には辞めません。

②教育・研修制度がある

人事評価の仕組みであったり、研修制度であったり、キャリアプランを支援する制度であったり、スタッフの働きやすさや質の向上を狙う体制が整っている会社です。その会社で長く働くことを前提に、将来の不安を感じさせないように展望を示すことが大切です。

③辞めさせない仕組みづくり

一例ですが、離職率の低いある事業者は、毎月社長（経営者）とマンツーマンで話す時間を取っています。そこで業務に関する意見や不満、現場の状況などを吸い上げるのですが、同時にその月の課題を挙げ、目標を立てさせます。もちろん、前月の課題の進捗状況や目標の達成度合いも確認します。

このように、課題の克服や目標の設定・達成を、トップとの面談で直接訴えることでスタッフの承認欲求を満たすのです。規模にもよりますが、このような仕組みや体制を整えている事業者もあります。

以上のように、人が辞めない事業者は人を辞めさせない努力をしているのです。

2 経営理念が現場に浸透しているか？

多くの一般企業には経営理念（企業理念）が存在しています。もちろん取ってつけたようなものから、よくよく考え抜かれ、会社の根幹をなすようなものまでさまざまです。まれに経営理念がない、もしくは言葉や文字に落とし込んでいない会社もあります。

当然、介護事業者にも経営理念は必要ですし、存在しています。さらに複数運営している場合では、介護施設ごとにコンセプトやテーマが異なっていることもありますので、施設ごとの理念も存在します。

なぜ経営理念が必要なのでしょうか。

それは、その会社の基本的な信念であると同時に、スタッフの行動指針になるからです。だからこそ、理念は存在するだけでは意味がなく、現場にあまねく浸透している必要があるのです。

介護の現場はスタッフの一人ひとりが利用者一人ひとりに対応しているわけで、その行動のベースには理念そのものがしっかりと組み込まれていなければなりません。つまり、その経営理念をスタッフ全員が理解しているからこそ、結果として利用者への対応やサービスの質が均一に保たれるのです。その上に、個人個人の対応力やスキルが上乗せされて、同じ方向を向いているチームが生まれるというわけです。

3 経営理念誕生にはストーリーがある

経営理念のもとになっているのは、多くの場合、経営者自身のバックボーンや熱い想いです。例えば、自らの体験・経験したことがきっかけで介護施設を立ち上げる決意をした、といったストーリーがそこにあるものです。ぜひ、そのストーリーを聞き出しましょう。そこに経営者の人柄も見えてきます。

例えばですが、私の知り合いの介護施設経営者の話です。彼は看護・介護に携わって30年のベテランでした。ところが、介護サービスの方向性について勤め先の介護施設の経営者と話が合わず、「だったら自分でやるしかない」と独立起業を決めたそうです。早速、銀行に融資を申込んだのですが、どこもNG。熱い想いはあるけれど、いきなり融資担当者に事業計画のプレゼンをするのは、さすがにハードルが高かった……。看護・介護の現場では必要とされていなかったスキルですから仕方ありません。しかし彼はあきらめずに1年がかりで融資を獲得し、介護施設をオープンしました。

他にも第6章で素晴らしい介護事業者をご紹介していますが、いずれの経営者にも介護施設を始めたきっかけと、それにまつわるストーリーが存在しています。これは施設を選ぶ上で大変重要です。後述する「共感」にもつながるからです。

4 有名企業の経営理念の浸透ぶり

リッツ・カールトンというホテルをご存じだと思います。まぎれもなく世界最高級の接客を提供するホテルのひとつです。このホテルが提供するのは、サービスを超えたホスピタリティだとされ、感動すら生み出すともいわれています。

ザ・リッツ・カールトン ホテル カンパニーの元日本支社長、高野登氏の著書『リッツ・カールトンが大切にする　サービスを超える瞬間』（2005／かんき出版）には、こんなことが書いてあります。

「技術は訓練できても、パーソナリティは教育できない」

つまりリッツ・カールトンは、個人個人のパーソナリティを重視してスタッフを揃えているということです。

そして、接客マニュアルではなく、お客様それぞれに必要なことは何なのかを、スタッフ一人ひとりが考えて動いています。それでもバラバラにならず、逆にチームワークを発揮しているのですから、まさに「素晴らしい」のひと言です。

そのスタッフ一人ひとりをつなげているのは経営理念です。そのビジョンやミッションなどが浸透しているからこそできることなのです。

スターバックス コーヒー ジャパンの元CEO、岩田松雄氏が講演で話されていたことです。

「スターバックスに接客マニュアルはない。コーヒーを淹れるマニュアルはあるが、接客はそれぞれのスタッフに任せている」

それでも、どこのスタバに行っても気持ちのいい接客を受けられます。時として、スタッフ個人の裁量で異例のサービスを行うこともあるそうです。

これもスタバの経営理念をスタッフ全員が共有し、ビジョンやミッションなどがスタッフ全員に浸透しているから、個々のスタッフが個々の接客をしていても、接客の質とレベルが保たれているのでしょう。何より人気の仕事になっていて、スタバで働くことがステータスになっているという理由もあるかもしれません。

私が思うのは、介護の世界にもホスピタリティは必要ですし、感動も必要だということ。そして究極の介護とは、リッツ・カールトンが提供するホスピタリティと同じことなのではないか、と感じています。この超一流ホテルのように、スタッフは1人に1日2000ドルまでの決裁権があるとまではいきませんが、権限移譲はある程度必要だと感じます。

例えば、通所タイプのデイサービスでは、毎日通っている利用者もたくさんいます。毎日朝から夕方まで過ごすデイがつまらなかったら、利用者はどう感じるでしょうか？「家族に送り込まれている」といった被害者感覚が生まれ、イヤイヤ来ている感じがあふれ出てしまいます。

逆に「楽しいところだな」と感じていれば、「もう帰る時間？時間が経つのは早いね～」と言いながら帰る。そして「明日も来たいな」と待ち遠しく感じてくれることでしょう。利用者が楽しいと感じるのは、それぞれの利用者に適した楽しみがあり、利便性があり、そして何よりホスピタリティがあるからです。

それを実現するにはスタッフのさまざまなスキルが必要ですが、最も大事なのは「人間力」なのかもしれません。さらにスタッフ全員の共通認識がなければ、利用者を楽しませ、感動させることはできません。その共通認識こそが経営理念なのです。それがスタッフ一人ひとりに浸透することで、初めて「人間力」が生まれるのではないでしょうか。

それと介護には技術力だけではなく、実は接客力も必要です。ある意味エンターテインメント性も求められるものなのだと、私は考えています。

つまらなそうな顔をした利用者が多い施設は間違いなく「楽しさ」を提供できていないでしょう。なぜなら、スタッフのスキルや人間力が足りていないからです。否、もしかすると「そこまでサービスをしなくても売上は変わらない」と思っているのかもしれません。利用者の頭数さえ揃えれば、決まった時間そこにいてもらって、ケガなどせずに帰ってくれればいい、などと考えているのかもしれません。

5 クレド

もうひとつ、リッツ・カールトンを象徴するものに「クレド」があります。元はラテン語で「信条」という意味ですが、日本語に訳すと「志」「約束」などの意味合いも含むようです。

クレドとは、あるべき企業の姿・価値観、社員の行動規範を簡潔に言語化したものです。全社員の共有、そして浸透を目的とします。クレドと混同されがちなのが経営理念ですが、理念が目的地を示すものだとすると、クレドはスタッフ・社員が進むべき道を示してくれるコンパスです。

リッツ・カールトンのそれはあまりにも有名で、目にしたことがある人も多いと思います。その中身をご紹介しておきます。


〈クレド〉


リッツ・カールトン・ホテルは お客様への心のこもったおもてなしと 快適さを提供することを もっとも大切な使命とこころえています。

私たちは、お客様に心あたたまる、くつろいだ そして洗練された雰囲気を 常にお楽しみいただくために 最高のパーソナル・サービスと最高の施設を 提供することをお約束します。

リッツ・カールトンでお客様が経験されるもの、それは、感覚を満たすここちよさ、満ち足りた幸福感、そしてお客様が言葉にされない 願望やニーズをも先読みしておこたえする サービスの心です。

〈従業員への約束〉

リッツ・カールトンでは お客様へお約束したサービスを 提供する上で 紳士・淑女こそがもっとも大切な資源です。

信頼、誠実、尊敬、高潔、決意を原則とし、私たちは、個人と会社のためになるよう 持てる才能を育成し、最大限に伸ばします。

多様性を尊重し、充実した生活を深め、個人のこころざしを実現し、リッツ・カールトン・ミスティーク（神秘性）を高める… リッツ・カールトンは、このような職場環境をはぐくみます。

〈サービスの3ステップ〉

1　あたたかい、心からのごあいさつを。お客様をお名前でお呼びするよう心がけます。

2　お客様のニーズを先読みし おこたえします。

3　感じのよいお見送りを。さようならのごあいさつは心をこめて。できるだけお客様のお名前をそえるよう心がけます。

リッツ・カールトンのスタッフは、このような内容が書かれたクレドカードをいつも携帯し、自分自身の中に落とし込み、そして継続的に見直しています（**図表3－1**）。

このクレドカードが、スタッフ一人ひとりが接客など行う際の「信条」や「行動指針」になっているのです。

クレドをつくっている企業は、日本の中にも意外と多く存在します。特に接客業に多いように感じます。

しかしながら、介護事業者でクレドをつくっているところは少ないようです。もちろん、つくってい

図表3-1

る事業所もありますが、クレドカードを持っている介護施設がよいサービスを提供している、ということではありません。ただ、しっかりとした考えを持って介護事業を実践している施設なのだ、という判断の材料にはなると思います。

2 社長（経営者）のリーダーシップ

1 社長は〝人気者〟であるべし

どこの一般中小企業でも同じですが、社長という存在は、俗な言い方でいうと人気者か嫌われ者のどちらかに偏っている気がします。

いい感じの会社の社長は人気者で、スタッフとの距離が近くて一体感があり、社長を中心に組織がうまく回っているという印象です。成功しているベンチャー企業やスタートアップ企業などが、まさにこんな感じでしょう。勢いやスピード感にあふれている感じも受けます。

介護施設の場合も、重要なのは企業理念を基にしたチームワークであり、一体感、人間力、対応力、そしてスピード感です。それを実現するには、社長（経営者）の強い求心力が必要不可欠です。つまり、社長が人気者でないと経営がうまくいかないということです。

施設を選ぶときに、そこのスタッフに「社長はどんな方ですか？」とか「社長は好きですか？」と尋ねてみるのもよいでしょう。彼らはどんな顔をしてどんなことを答えるでしょうか。

「ちょっと……よくわかりません」とか「確か……こんな感じでした」といった微妙な答えだと、ちょっと不安を感じます。それも中小の介護事業者であればなおさらです。中小規模で従業員が社長のことを知らない、というのは風通しの悪さを感じさせます。

2 「共感」の時代

今の時代は「共感」の時代です。世の中にありとあらゆるモノやサービスがあふれている現代において、あなたはどのようにしてモノやサービスを選んでいるでしょうか？　知らず知らずのうちに、共感したものを選んでいませんか？

今や、商品やサービスの質はよくて当たり前、料理は美味しくて当たり前の時代です。それが大前提ですから、提供する側は質の高さに加えて、会社の理念や製作者の想いなどを伝える必要もあります。そういう理念や想いに共感したら、ようやく私たちはその商品やサービスを選ぶのです。そんな時代になってきました。

さらにいえば、その商品やサービスを購入することによって、購入者自身の自己実現につながるかどうか。そんな観点で選んでいる場合も増えてきています。


介護施設も例外なく共感の時代に入っています。これだけ介護施設の数が増えて淘汰の時代になっている昨今、今後とも選ばれ愛され続け、生き残っていく介護施設に必要な始めの一歩は、共感できるかできないかです。

では、介護施設への「共感」のポイントは、どんなところにあるのでしょうか。

まずは、経営者がどのような熱い想いで介護施設を運営しているのか、そして介護サービスを提供しているのか。こんな想いで、こんなことを実現しようと思っています。だからこういったサービスを提供しているのです、という想いから生まれてくる理念が大事です。

次に、その熱い想いはどこから来ているのか。当然、社長の生き様や経験などから来ているのだろうと容易に想像できます。ただし、その「共感」ポイントを利用者さんやそのご家族が感じ取るためのツールが、やはり必要です。

例えば、パンフレットやチラシに社長の経歴やプロフィールがしっかり書かれている。あるいはネットの動画で社長の挨拶やインタビューが用意されている。そういう事業所は、マーケティングを理解しているといえるでしょう。時代の流れや時代のニーズを感じ取って、伝えるためのツールをしっかり用意しているのです。

介護業界はマーケティングやブランディングに疎い業界です。そんなことは無関係、必要ないと思っている経営者もたくさんいます。一般企業と違い、ケアマネジャーから利用者さんを紹介され、介護保険で売上が立っている。つまり、ほとんどがケアマネに対するルートセールスだけで成立してしまう、いわば狭く閉鎖的な業界なのです。

利用者家族も、ケアマネからだけではなく自身で情報収集できる時代になっています。ネットの検索サイトを利用すれば、お手軽に情報を入手できます。

ここに至ってようやく、介護業界もマーケティングやブランディングの必要性に気づき始めたというわけです。なかでも、いち早く「共感」というキーワードに気づいた施設は、他の施設よりも一歩抜きん出ているといえます。差別化を理解して、選ばれる理由を用意して、いち早く伝える行動に移している施設だからです。

施設を選ぶとき、あなた自身にこう問いかけ直してみてください。

経営者の熱い想いは伝わってきたか？　感じ取れたか？　つまり「共感」できたのか？

3 類は友を呼ぶ

類は友を呼ぶ、といわれますが、その介護事業経営者が自分の熱い想いや考えを発信（シェア）し続けていると、その熱い想いや考えに賛同するスタッフ（仲間）が集まってくるものです。

賛同する仲間がたくさん集まってくれれば、その介護施設はかなり強靭になります。スタッフすべてが同じ方向を向いていることになるからです。

賛同してくれる仲間を集めるためには、社長自身のストーリーが必要になります。「〇〇な失敗をした。××な悲しい思いをした。△△なひどい目に遭った。だからもう二度と同じ失敗を繰り返さない。そして悲しい思いを他の人にも味わわせたくない。それで、この介護事業所を始めました」

例えばこのようなストーリーに共感した人たちは、「私もこんな失敗をしました」「私もこんな悲しい思いをしました」「だから社長の気持ちはよくわかります」という想いを抱いて、仲間として集まってきます。

このように共感した仲間たちが集まると、その施設の仲間（スタッフ）は辞めません。離職率30％、40％ともいわれているこの業界で、一桁台の離職率をキープしている施設が実在しているのです。

社長の熱い想いというのはスタッフにとどまらず、利用者さんやそのご家族の共感を得ることにもつながっていきます。

よい評判が出回れば、「その社長さんがやっている施設に入りたい」という希望者が増えてきます。実際にその施設に入ってみて感動したことがあれば、それがまた他の利用者さんを連れてくる要因になります。つまり、口コミがそこで発生するわけです。

共感を持ってやってくる利用者さんは、その施設を変えません。それどころか、積極的に周りに勧めます。結果として、その施設は人気の施設といわれるようになり、空き待ちの状態になります。

もしケアマネジャーに「人気のある施設です」と紹介されたら、なぜ人気なのか、そこの社長さんはどんな人なのかを聞きましょう。そこに共感できるストーリーが隠れている場合があります。

社長が人気者の場合、どのような利点が考えられるのか、以下にまとめておきます。

●スタッフ全員が理念（ビジョン、ミッション等）を理解→皆が同じ方向を向ける
●スタッフが辞めない→介護の質が高くなる
●施設長、管理者、責任者も人気者の可能性が高い→現場の雰囲気がよくなる
●スタッフ募集に困らない→長続きしない人を採用しなくてすむ
●スタッフ思いの現場目線→利用者と利用者家族の目線にもつながる

3 スタッフを大切に思っているか

1 人材育成のロードマップ

経営者がスタッフのことをちゃんと考えている介護事業者の中には、研修プログラムやキャリアアッププログラム等を備えているところがあります。

ところが多くの介護事業所では、採用から配属までの間に研修などもないまま、現場に入るケースがほとんどです。そして、現場の先輩や上司の指示のもとで仕事

内容を覚えていくというのが現状です。

人材採用の方法から教育・育成まで、優秀なスタッフを確保するためには、しっかりとした人材育成のロードマップが不可欠です。そして、特に生産力のある世代の人たちの考え方や行動パターンを理解しておくことが、スタッフ採用から育成までをうまく運ぶために必要な条件です。

2 今どきの求職者の考え方を理解

人間の「欲求」には5つの段階があるとする、アブラハム・H・マズローの心理学理論があります。「マズローの欲求5段階説」というもので、ビジネス本や自己啓発本で必ずといっていいほど登場するのでご存じだと思いますが、念のため簡単に説明しておきます。

マズローは、**図3－2**のように人間の欲求を5段階で表しています。経営者はもちろん、部下を持つ管理職や人事担当者には知っておいてほしい理論です。

〈第1段階：生理的欲求〉

生きていくために必要な、基本的・本能的な欲求のこと。「食欲」や「排せつ欲」「睡眠欲」などが当てはまる。これらが満たされなければ生命の維持が不可能となるもの。人間がこの欲求階層にとどまる状況は一般的ではない。

〈第2段階：安全欲求〉

安心・安全な暮らしへの欲求のこと。安全な環境にいたい、住みたい、経済的に安定していたい、良好な健康状態を維持したいといったもの。日本では、この第1段階と第2段階の欲求は、ほ

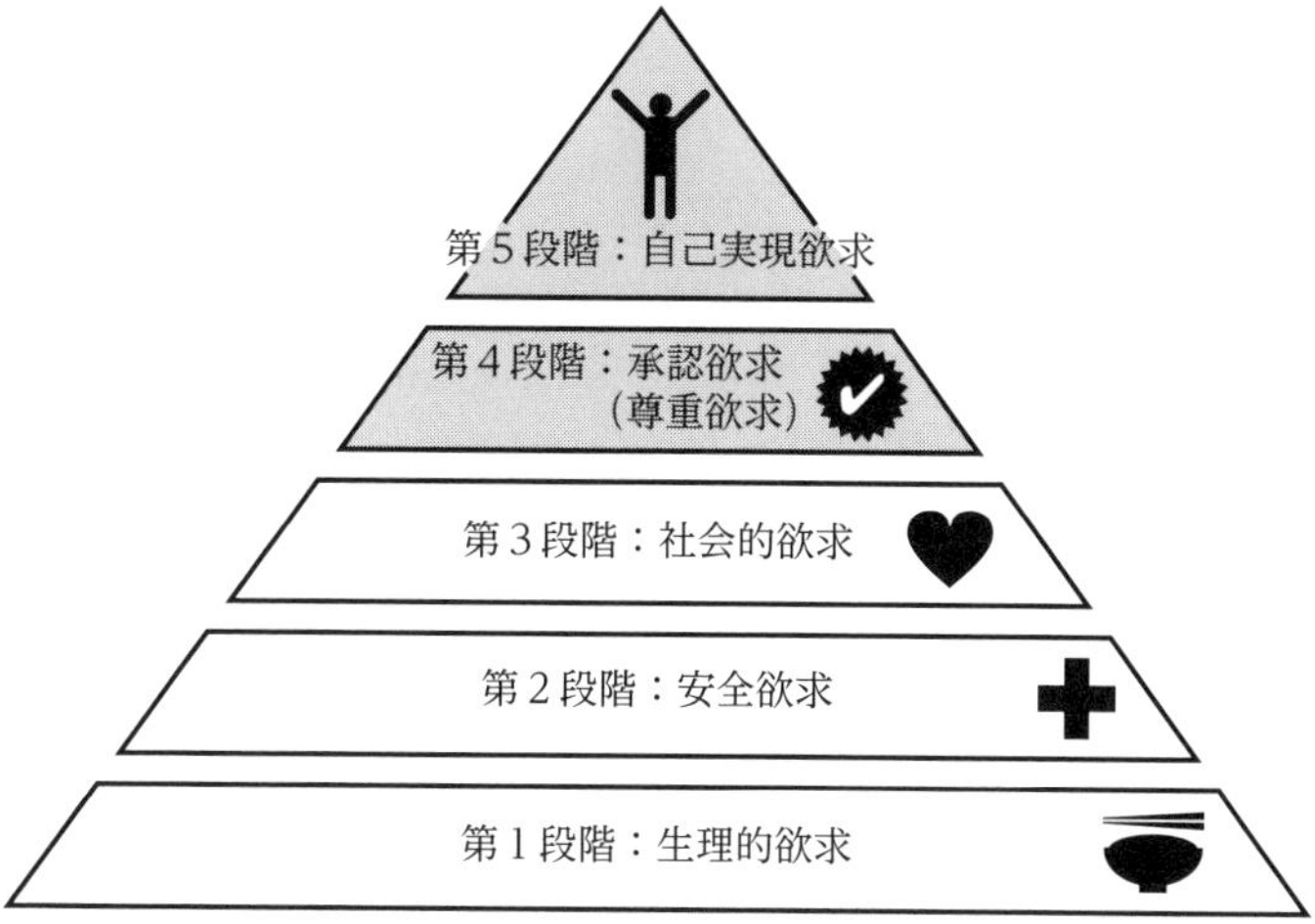

図表3-2

ぼ満たされているといえる。

〈第3段階：社会的欲求〉

友人や家庭・家族、会社から受け入れられたい欲求のこと。集団への帰属や愛情を求める欲求であり、「愛情と所属の欲求」あるいは「帰属の欲求」とも表現される。職場に当てはめると、「組織に仲間として受け入れてほしい、相談できる上司や同僚がいてほしい、信頼できる経営者でいてほしい」などの欲求に該当する。

〈第4段階：承認欲求（尊重欲求）〉

他者から尊敬されたい、認められたいと願う欲求のこと。名声や地位を求める「出世欲」も、この欲求のひとつに該当する。他には、集団から自分の存在価値を認めてもらって尊重されたい、仕事で達成感を得たい、仕事で認めてもらいたい、適正な評価をしてもらいたいなど。この第4段階の欲求が妨害されると、劣等感や無力感などの感情が生じる。

〈第5段階：自己実現欲求〉

自分の世界観・人生観に基づいて、「あるべき自分」になりたいと願う欲求のこと。

職場に当てはめると、「自分の力を発揮して会社のミッション達成に貢献したい、自分の夢を実現して世の中の発展に貢献したい」などの欲求。

以上の5段階の中で、今の時代に特に注目されているのが、第4段階：承認欲求と第5段階：自己実現欲求です。

敏感な経営者や社長は、このことにいち早く気づいて対策を取っています。

「ウチの会社に入れば社会貢献できるし、あなたの実現したい夢が叶います」

「ウチの会社に入ればキャリアアップも心配いりません。会社がサポートします」

「人事評価制度も確立されています。あなたの働きは適正に評価されます」

先進的な企業はこんなアピールをすでに始めています。

もちろん、介護業界もまた然りです。

人手不足に困っている介護業界でも、承認欲求や自己実現欲求を満たすための取り組みは重要になっています。新しい人材を確保するためには、このような仕組みが用意されている介護事業所だということをアピールしなければ、いい人材が集まらないのです。

3 行動パターンを理解するために（マーケティング4・0）

次に、行動パターンを理解するために、マーケティング4・0のことについて触れておきたいと思います。

多くの介護事業者が苦手とし、または関係ないと思っているのがマーケティングです。しかし時代の変化と共に、マーケティングが必要だなと感じ始めている事業者も増えてきています。

なぜ本書でマーケティングの話に触れなければいけないのか、疑問に思う読者もいるかもしれません。それは、介護施設がマーケティングを理解して、適切な情報発信をしているかどうかを検証するためだと理解してください。

施設側がどんなにいいサービスを提供していても、私たちのリサーチにそのことが引っかからなければ、その介護施設の存在すら見つけることはできません。

図表3－3は、マーケティングの権威であるフィリップ・コトラーのマーケティング理論を簡単にまとめたものです。このように、マーケティングも時代と共に変化してきました。

この変遷は商品やサービ

マーケティング 1.0： 製品中心主義 （1900 年～ 1960 年代）	製品の機能を訴求すれば売れた（モノが足りていなかったから）
マーケティング 2.0： 消費者志向 （70 年代～ 80 年代）	製品の機能を訴求しても売れなくなった（モノが余っている時代になった） 消費者にマッチしていることを訴求しないと売れなくなった
マーケティング 3.0： 価値主導 （90 年代～ 2000 年代）	製品の価格や機能の差別化を訴求しても売れなくなった 消費者にとっての価値（ベネフィット）や経営理念などを訴求しないと売れなくなった
マーケティング 4.0： 自己実現 （2010 年代～）	製品が機能的に優れていることはもはや前提となった その製品を所有することで、消費者自身が目指す自己実現につながることを訴求しないと売れなくなった

図表3-3

スに限ったことではなく、人事採用にも大きく関わってきています。

そして現代は４・０です。その会社に入るとどんな自分になれるかをチェックするようになりました。

このマーケティング理論は、私たちの介護施設選びにも大きく関わっています。

マーケティング４・０において消費者の購買プロセスを紐解くにあたって、コトラーは従来の「４Ａ理論」ではなく「５Ａ理論」を展開しました。それを簡単にまとめたのが**図表３－４**です。このフレームワークは、商品やサービスを探すときだけではなく、普段からの情報収集や仕事を探すときにも当てはまるものです。

もちろん、今回の介護施設選びにも当てはまります。

例えば、介護施設を探すときに「５Ａ」を当てはめると、以下のようになります。

①まず介護施設を探して、存在を確認する
②いくつか候補を挙げ、その中から絞っていく
③具体的にケアマネに問い合わせたり評判を調べたりする

④実際に訪問して、よさそうと判断すれば決定する
⑤家族が入ってみて「よかった」「よくなかった」など、推奨やシェアをする

求職者の場合は以下のとおりです。

①仕事を探し始めて、募集している介護施設の存在を知る
②自分に合いそうな候補をいくつか挙げていく
③どんな施設か、どんな仕

AWARE (認識)	商品やサービスについて消費者が「知っている」状態。最近では広告ばかりではなく、友人・知人からの推奨によって知る場合が増えている
APPEAL (訴求)	商品やサービスのたくさんの情報の中から、消費者が「自分にとって好ましい」と思うものを選ぶ段階。企業側は、多くの候補の中から選ばれる存在になるよう「訴求する」ことが重要
ASK (調査)	候補から絞った商品やサービスがどのようなものなのか、追加情報を得るために「調査する」段階。友人にアドバイスを求めたり、口コミ情報を探したり、企業と直接コミュニケーションを取ったりする消費者もいる
ACT (行動)	消費者が実際に、店舗もしくはオンラインで「購入行動」を起こす段階
ADVOCATE (推奨)	実際に購入した商品やサービスに満足して、消費者自身が口コミやSNSなどを使って他者へ「推奨する」段階。新しい消費者に対するAWAREにつながる

図表3-4

事内容か、どんな経営者か、評判なども調べる

④面接・採用・入社

⑤実際に働いてみて、「よかった」と思えば他の人に推奨する

そこで大事になるのが、ホームページに書かれている内容です。マズローの5段階欲求やマーケティングのことを理解した上で、施設や仕事の内容を記載しているかどうか。そして、私たちの知りたいことが先回りしてわかりやすく載っているかどうかなのです。

私たちが知りたいのは、次のようなことです。

●どんな特徴があるのか

●どんなサービスが受けられるのか

●家族をそこに預けたら、どんないい未来が待っているのか

●他の利用者の家族はどんな感想を持っているのか

●経営者の人柄やプロフィール、そこで働くスタッフの人となり

こういった、知りたい肝心な内容が載っていない通り一遍のホームページでは、たとえ検索にかかったとしても選択の対象にならないということです。

これは、求職者も同様に知りたい情報です。求職者に優しくないホームページではスタッフは集まりません。スタッフが集まらない介護施設は、当然ながらサービスが低下していき、利用者が離れていきます。

COLUMN

施設で起こる悲しい事件の原因

2019年にも、品川の介護施設（有料老人ホーム）で暴行殺人事件がありました。スタッフが入居者に暴力を振るったのです。犯人曰く、夜勤が続いたのでイライラしてやった、という理不尽な動機でした。

毎年のようにこういう悲しい事件は起きています。

では、そもそもなぜ、介護現場のスタッフがこのような事件を起こすのでしょうか？

重労働だから？　ストレスがたまるから？　利用者に問題があるから？　いずれも違うと、私は思っています。

原因は、適性のない人が介護の現場で働いているからです。具体的には、他の業種や仕事に就けなかった人間が、働くところがなかったのでたまたま介護の仕事に就いてしまった。介護や福祉に対して、好きでもなければ想いや優しさもない、仕事に対する喜びもないけれど、仕方なく介護施設に来ましたという人間が引き起こしてしまうケースが多いように思います。

人手不足が続く介護施設の多くは、年中行事のように求人を出しています。しかしそういうところに限って、適性を横に置いてスタッフの頭数だけを揃えてしまうのです。

こういう施設に介護を必要とするご家族を預けたら、大変なことになってしまいます。

第4章 優良な介護事業所を見極める最強ステップ

介護の始まり

突然の場合は何もかもが一気に押し寄せ、時間も奪われて情報収集することさえままなりません。それでも、適切な施設を探す努力は必要不可欠だと覚悟しておくべきです。

そろそろ介護が必要だなと感じ始めた場合は、少し時間に余裕があるので、事前に介護施設等の情報を仕入れておくことが比較的容易です。

では、どのようにして情報を仕入れていくのか、以下で説明していきます。

Step 1 まずは情報収集

❶地域包括支援センター（オフライン）

①地域包括支援センターを見つける

家族の誰かに介護が必要になったと感じた場合は、まず初めに自宅の最寄りの「地域包括支援センター」（以下、センター）を探してください。そこは、専門知識を持った職員が、高齢者が住み慣れた地域で生活できるように介護サービスや介護予防サービス、保健福祉サービス、日常生活支援などの相談にのってくれて、介護保険の申請窓口も担っているところです。つまり、介護・医療・保健・福祉などの側面からその地域の高齢者を支える「総合相談窓口」になっているのです。

基本的には各市町村が地域支援事業（介護予防事業）を行うための実施機関である場合が多いのですが、自治体から委託されて、社会福祉法人や社会福祉協議会、民間企業などが運営しているケースもあります。おおよそ人口2万～3万人の日常生活圏域（多くの場合、各中学校区域）を1つのセンターが担当しています。

センターは全国で5079カ所設置されています（2018年4月現在）ので、自宅の近くにも必ずあるはずです。わからない場合は市役所などに電話をして、担当エリアのセンターを教えてもらいましょう。

いきなり訪問するのはハードルが高いな、という場合は「家族の誰がどういう状態なので、ちょっと相談に乗ってほしい」などと電話で伝えれば、先方の担当者が都合のよい時間に自宅に来てくれます。また、あなたが遠方にいる場合でも、（私の場合もそうでしたが）電話で相談すればしかるべく対処してくれます。

その地域に暮らしている高齢者に困ったことが起きたとき、そこに相談すれば地域のネットワークを駆使して解決してもらえるというのが、地域包括支援センターの存在意義だといえます。

人員に関しては**図表4-1**に示した3職種が必須となっています。

②認知症カフェを探す

認知症の兆候が現れた場合は、認知症カフェ（Dカフェ：Dは認知症＝Dementia の頭文字）という施設もあるので、家の近くで探してみてください。Dカフェ以外にもオレンジカフェなど、名称はいくつかあります。

これは介護施設が行政からの認可を受けて開催しているカフェ形式の勉強会みたいなものです。定期的に開催されていますので、参加してみるのもよいと思います。認知症の知識や、その他の参加者とのコミュニケーションが取れますので、ひとりで悩んでいる場合などには、非常に心強いと思います。

また、介護施設が母体となっての主催ですから、そこの担当者もいますので「実はこんなことで悩ん

主任ケアマネジャー	包括的なマネジメントを行うが、地域のケアマネジャーを統括する役割も併せ持つ。ケアマネジャーの資格と主任介護支援専門員研修の受講が必要
社会福祉士	地域住民の総合相談・支援業務の他、高齢者の権利擁護にも携わる（虐待防止など）。社会福祉士の資格が必要
保健師（看護師）	介護予防事業の企画運営などに携わる。保健師（看護師・准看護師）の資格が必要

図表4-1

でいます」「こういうことで施設を探しています」といった相談もできるでしょう。

2 インターネット検索（オンライン）

①キーワードは「サービス名＋地域名」

オンラインでの情報収集についてです。

まずは皆さんが使い慣れているYahoo!やGoogleでキーワード検索をしてみてください。検索キーワードは「サービス名＋地域名」だけで大丈夫です。

例えばGoogleで「デイサービス　〇〇市」と打ち込んで検索した場合です（**図表4－2**）。

一番上に地図が表示されると思います。地図の横や下に、そのエリアにある介護施設名がいくつか出てきます。その下にある「さらに表示する」というボタンをクリックすると、さらに出てきます。

その中で、ホームページがある介護施設であれば、そのホームページを見にいってください。

ホームページのない介護施設は要注意だと思ったほうがよいでしょう。第2章で触れましたが、今どきウェブ検索への対応を取っていない介護施設は、ひと昔前の古い考え方から抜け切れていない介護施設である可能性があるからです。

さらに細かく検索したいときは「デイサービス　○○市　認知症」などと、検索キーワードを足してみてください

図表4-2　デイサービス　八王子市で検索

（図表4－3）。

検索結果を見ると、上位には介護施設紹介サイトや評判口コミサイトなどのポータルサイトが表示されていると思います。これらのサイトは、一度にまとめて介護施設を確認することができる便利さはありますが、注意しておきたい側面もあります。

いくつかの紹介サイトを見ればなんとなくわかると思いますが、その紹介サイトで上位に表示される介護施設の名前は、どのサイトを見ても同じではありませんか？

紹介サイトの運営は、そこに掲載され

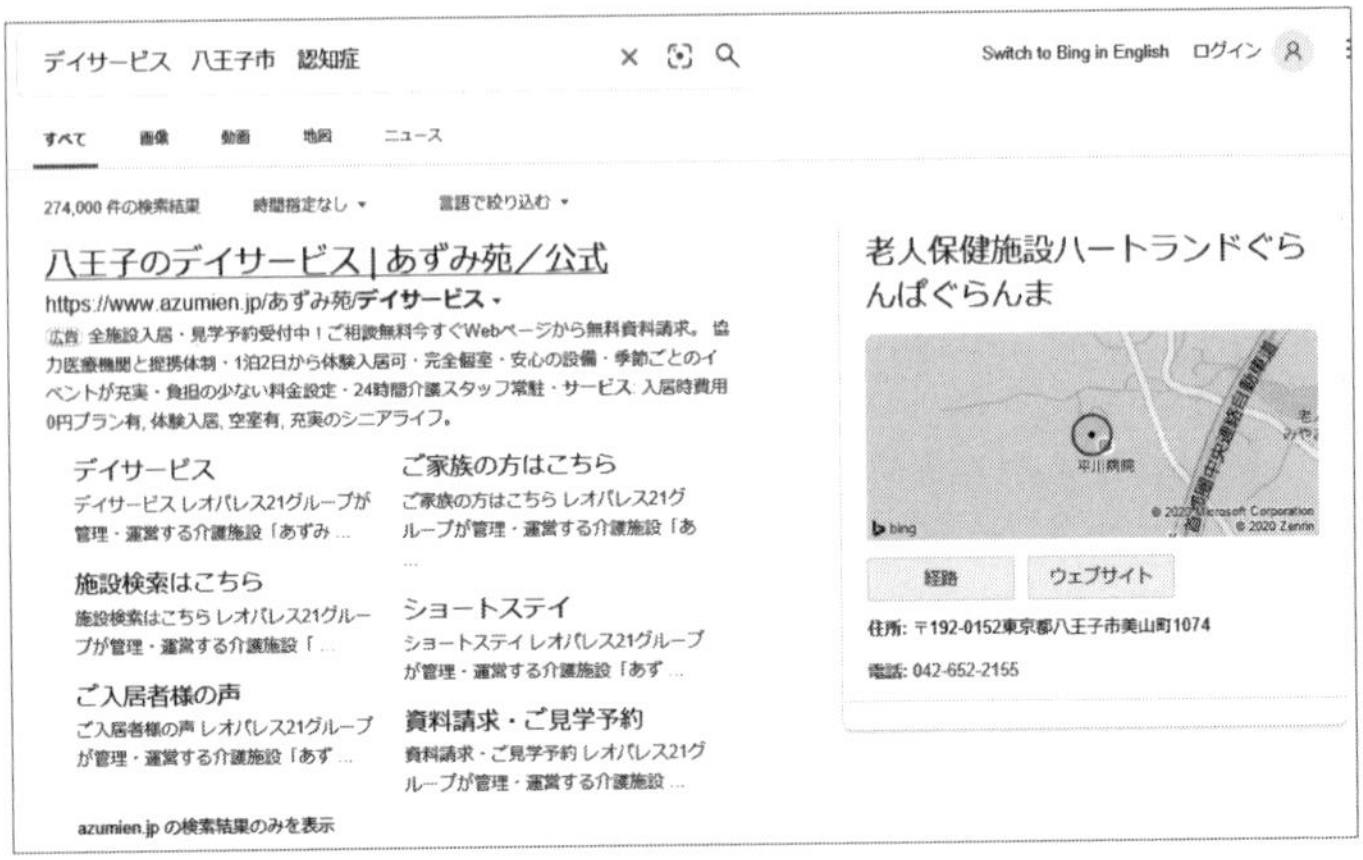

図表4-3

ている介護施設からの掲載料・広告費で賄われているというのが現実です。したがって、広告費を多く出している施設が上位に表示されるのは、ある意味仕方のないことです。

飲食店を紹介・評価するサイトで、広告費を出していない無料掲載のお店が高評価を受けていると、そのサイトから「広告を出しませんか」と営業電話がかかってくるそうです。そして「広告は必要ありません」とお店が断ると、その後すぐにサイト内での評価が突然下がったとか……。公正取引委員会が乗り出すという、ちょっとした事件もありました。

つまり、紹介サイトの上位に載っているから、または口コミ評判サイトでよい評価をもらっているからといって、その介護施設がすべからくよい施設だとは限らないのです。十分に注意して、いろいろな角度から調べることをお勧めします。

介護施設の一覧表は、県や市町村などの自治体のホームページに掲載されています。その一覧表を見て、ご自分のエリアにどんな介護施設があるかをチェックすることができます。その中で、例えばデイサービスであれば、デイサービスの施設名をコピーしてネット検索をかけると、その施設のホームページ、または運営会社のホームページにたどり着くことができます。

②ホームページの詳細をチェック

介護施設のホームページを見たら、まず、そのホームページがスマホに対応しているかどうかをチェックしましょう。スマホで開けばすぐにわかります。ＰＣと同じものが縮小されて出てきて、拡大しないと文字が読めないものはスマホ非対応です。スマホ対応していないホームページは、かなり以前につくられて、そのまま放置されている可能性もあります。作ってもいない介護施設に比べれば、早くから作っていた証拠になるという意味はありそうですが、そのまま放置してスマホ対応を怠っているならば宝の持ち腐れで、もったいない状態だといえます。

そのホームページを見て、ちょっとおしゃれだなと好印象があったときはチェックしておきましょう。

留意すべき個所は、その施設の一番の特徴と、最も得意としていることは何か、です。ホームページをしっかりつくり込んでいれば、トップページにその施設の特徴や売りになる部分を大きく打ち出しているはずです。

次に、代表者の挨拶ページに跳んで、その施設の経営理念（企業理念）や会社概要をチェックしましょう。代表者のプロフィール等が書いてある場合は、それも要チェックです。代表者のバックボーンがそこに書かれていることが重要です。

また、理念の部分では、共感できる内容もしくは実現可能な内容が、簡潔でわかりやすい言葉で書かれているかどうかをチェックしましょう。

③SNSをチェック！

ホームページにSNSのリンクボタンがある場合は、SNSもチェックしましょう。SNSをチェックすると、その施設の特徴を知る手がかりになることがあります。

ホームページの更新頻度よりSNSの更新頻度が高い場合が多々あるので、最新の動向が確認できるのです。

リンクボタンがない場合はやっていない可能性がありますが、一応ＳＮＳのサイト内検索をしてみましょう。例えばFacebookやInstagram、Twitterなどです（自身にアカウントがないと見られない場合があります）が、それらの特徴を挙げておきます（**図表４－４**）。

④ＳＮＳでわかること

例えば料理の写真が多いところは、それだけ料理に力を入れているといえます。外出先の写真が多いところは、利用者とともにいろいろな場所へ出かけることに重点を置いていると思われます。

イベントの写真が多いところは、季節に合わせたイベントや利用者に合わせた（誕生日など）イベントを細かく催していると思われます。

その投稿の傾向をチェックすることで、その施設がどういうことに重点を置いているかが見えてきます。施設としての特徴を理解することが、利用者となるご家族

種類	国内利用者数	特徴
Facebook（フェイスブック）	2600万人（2019/4発表）	実名での登録が基本となるSNS。日記、ブログのような感じで写真や動画を文章とともに投稿したものが、タイムラインとして友達に共有される。SNSのなかでは最もブログに近いイメージ。ビジネス用の企業ページとなる「Facebook ページ」もある。趣味などの特定のテーマでコミュニティをつくることができる「Facebook グループ」などの機能がある
Twitter（ツイッター）	4500万人（17/10発表、以降発表なし）	世界的に大きなシェアを持つSNS。最大140文字という制限があり、短めの文章（ツイート：つぶやき）や画像、短い動画などを投稿すると、アカウントをフォローしている人（フォロワー）が共有する。手軽に発信できるのがメリットで、一日に何回も発信する人も多い。拡散力が強く、友人や知人の他に、面識のない人や全くの他人にも情報が共有されることが多い
Instagram（インスタグラム）	3300万人（19/3発表）	写真投稿をメインとしたSNS。「いいね!」による拡散性はなく、主には仲の良い友人同士でおしゃれな写真を共有するような使い方をする。写真をメインとした情報発信に向いており、ハッシュタグをつけることによって新たな顧客を獲得できる可能性がある
LINE（ライン）	8400万人（20/4発表）	国内ナンバーワンのメッセージ系SNSツール。1対1でもグループでも使いやすいのが特徴。国内スマホユーザーのほとんどは、メールよりもこちらを優先して、メッセージのやり取りや通話を行っている。基本的には友人や知人、仕事関係なども含めた人たちの間で共有される
YouTube（ユーチューブ）	6200万人（18/12発表）	世界最大の動画共有サイトで、世界で20億人を超えるユーザーがいるといわれている。日本でも、動画閲覧などで目にしたことがない人はいないのではないか。というのも、閲覧自体はアカウントをつくらなくてもできるという、他のSNSとは違う特徴を持っているからだ

図表4-4

に適しているかどうかを判断する材料につながると思います。

⑤その施設（会社）の求人広告を探す

施設名で検索すると、その施設の求人情報が出てくる場合があります。それを見ることで、その施設には今どんな職種が足りていないかがわかります。

求人広告にお金をかけている施設ということは、もしかすると人手不足が深刻なのかもしれません。求人理由が書いてあったら、それも併せてチェックしておきましょう。慢性的に求人広告を打っているような施設の場合、何かしらの問題があると考えられます。また、スタッフが足りないということは、当然サービスの低下も考えられますので注意してください。

3 地域活動、施設開放に参加

タイミング次第ですが、介護系のイベントやセミナーがあれば積極的に参加しましょう。開催の情報はネットで検索してわかる場合もありますが、小規模のものだとネットに載っていないことも多々あります。近くの地域包括支援センターに問い合わせをするのが、より確実だと思います。主催者は、介護施設や自治体の場合がほとんどです。

例えばある介護複合施設では、マグロの解体ショーを定期的に開催しています。利用者や利用者家族、そして地域住民を招いてマグロを振る舞います。施設の紹介のあとにマグロの解体ショーを見てもらう。そして昼食を準備している間に、見学ツアーで施設内を見て回ってもらうというものです。

また「認知症サポーター養成講座」などは自治体が主催していて、認知症の症状や患者への接し方など、基本的なことを教えてくれます。もちろん無料です。

このようなイベントやセミナーを通して、介護に関する基本的な知識や情報を得ることはとても有用です。また、イベントの内容からその介護施設がどんなサービスを提供しているのかを感じ取ることもできます。

さらに、介護系イベントには、当然のことながら介護の相談担当者が常駐しています。セミナーには講師の人が来ています。そういう人に、介護・支援が必要な家族の状況を話して相談してみるのもよい手だと思います。

ケアマネ1人だけの意見やソーシャルワーカー1人だけの意見だと、間違っているとはいいませんが、正解だとも限りません。周りの人も含めて、他のケアマネや介護施設の担当者などに意見やアドバイスを求め、統計的に考えるのもありだと思います。そういう中から、ご家族に適した介護サービスや介護施設をセレクトする方法もよいのではないでしょうか。

Step 2 ケアマネジャーからの提案

1 ケアマネジャーとの面談でスタート

要介護認定が下りると担当ケアマネジャー（以下、ケアマネ）が決まります。序章でも簡単に説明しましたが、基本的には地域包括支援センターを通して、または医療機関の退院支援看護師（医療ソーシャルワーカー）等からの紹介で決まります。

他に、知り合いにケアマネがいれば、相談してその人に担当になってもらうこともできます。

ケアマネとの最初の面談のことを業界ではインテーク面談と呼んでいますが、そこでケアマネの自己紹介に始まり、介護サービスの種類や介護施設の種類、それぞれにかかる費用の説明をひと通り受けます。そして、こちらの状態や状況を把握してもらいます。そうして数日後にケアマネから介護サービスの提案がなされるという流れです。

この面談で注意すべきことがいくつかあります。

介護を受ける当人についての質問がケアマネからありますので、それに明確に答えることです。遠慮してもいけないし、オーバーに伝えるのもダメです。その上で、こちらからの要望はしっかりと伝えましょう。状態はもちろん、その人の趣味や好きなこと、苦手なことなども十分に伝えておくことが大事です。

さらに、「こんなサービスが欲しい」とか「こんな施設がいい」といった要望もはっきり伝えておきます。例えば、「通所タイプで人数の多いところがいい」または「少ないところがいい」とか、「明るく賑やかな雰囲気のところがいい」または「落ち着いたシックな雰囲気のところがいい」などです。「家から近いところがいい」または「街中がいい」とか「郊外がいい」などの要望もあるかもしれません。

あるいは、「リハビリや機能訓練を重視しているところがいい」とか「歌をいっぱい歌えるところがいい」などの、その施設では何ができるのか、あるいは何がしたいのかも、同時に伝えておきましょう。

説明を聞いていて、「このサービスを受けたい」などの希望があれば伝えておいたほうがよいのですが、その場ですぐに理解するのは難しいので、後日あらためて伝えてもOKです。

もしもこの時点で、ご自身で調べて「よし！」と思った介護施設やサービスがあれば、それも伝えておきましょう。

実は、ケアマネにも人それぞれで得意分野があります。ケアマネ自身のバックボーン（経歴）の違いによるものと考えられるので、どんな経歴なのかをさりげなく聞いてみるのもよいでしょう。

看護師、社会福祉士、介護福祉士、理学療法士などの資格に、実務経験が5年以上加わらないと、ケアマネの資格を取得する試験が受けられません。その試験に合格し、専門の研修を受けることでケアマネになれます（**図表4－5**）。

したがって、実務経験をどこでどのように培ってきたかによって、バックボーンが形成されるともいえます。そこで得た経験によって、得意な分野が決まってくるというわけです。

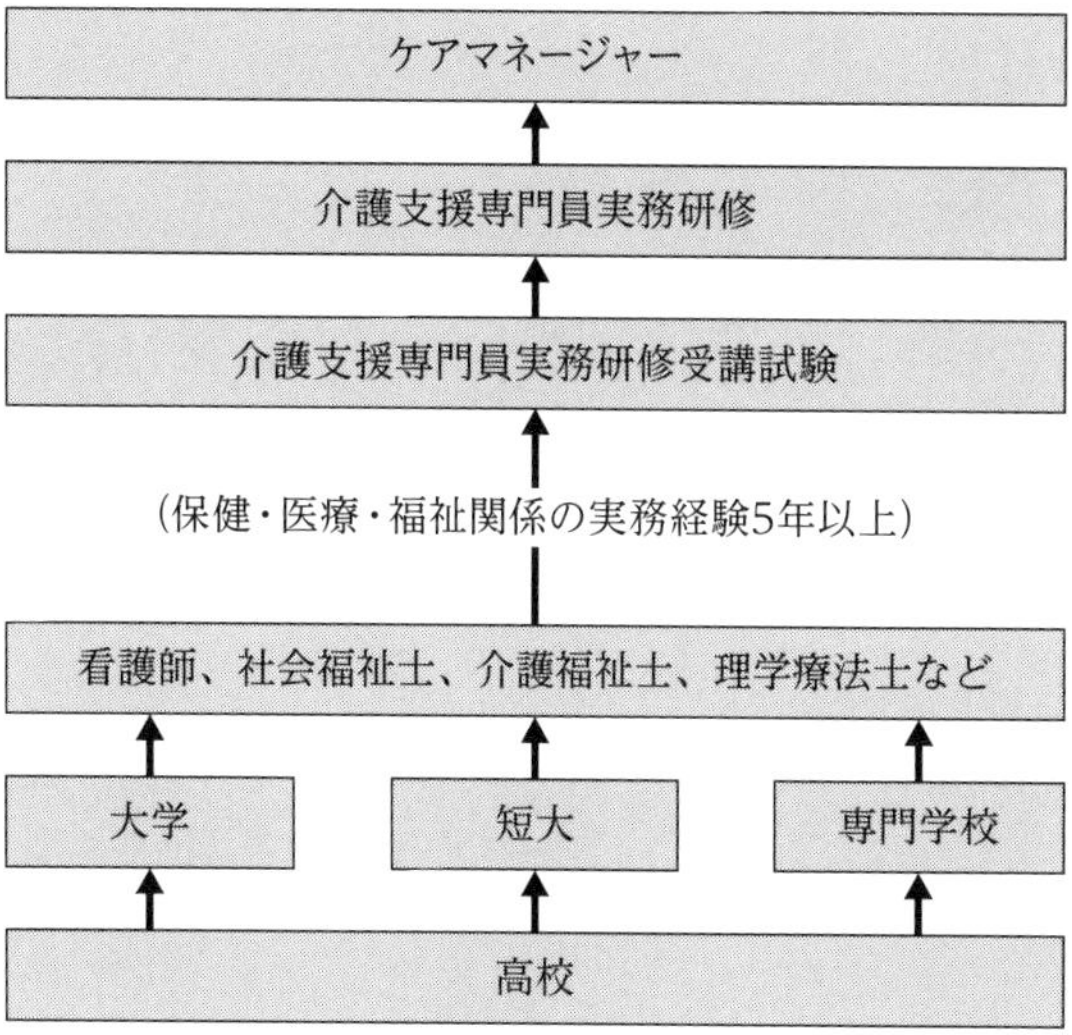

図表4-5

私の母を担当してくれる初めてのケアマネが決まったとき、実はビックリしました。ケアマネが男性だったのです。それも30歳代と若い人でした。ケアマネは女性のおばさんと、先入観で勝手に思い込んでいましたので……。

「男性で大丈夫？」と思ったのも、やはり母も女性だからです。でもそんな不安は吹き飛んでしまい、むしろ母は気に入ったようでした。

余談ですが、後に私も知ったのは、高齢の女性たちは若い男性が好きだということです！　デイサービス等でも男性介護スタッフは少数派なので、ものすごく人気があります。私の母も、通い始めたデイサービスのお迎えがイケメンの男性スタッフだったので、喜んで通っていたものです（笑）。

2 ケアマネからの提案は「3カ所」

インテーク面談のあと、ケアマネから介護サービスの提案があるのですが、そのとき紹介される介護施設はだいたい3カ所です。

この「3」という数字には特に意味はありません。ケアマネが見学訪問に同行する場合、1日に3カ所程度が無理なく回れる数ということのようです。私の実体験でも、半日で回るには3カ所くらいが無難なところでした。

ここで忘れてはいけないのは、ケアマネがその施設を提案した理由を聞き出すことです。まれに、系列の関係で自分のところの施設を紹介している場合もあるからです。もちろん、それが絶対にダメということではないのですが、そのおかげで紹介してもらうべきだった施設が提案から漏れていることもあり得ます。要注意です。

ケアマネの提案の中に、ご自身が調べて「いいんじゃないか」と思った施設は入っていましたか？　もし入っていれば、ほとんどそれでOKでしょう。しかし、自分の調査とかみ合わなかった場合、ケアマネの話をよく聞いた上で調整しなければなりません。ケアマネにもその施設の評判を聞き、自分の見立てが間違っていなければその施設を紹介してもらうことができるのかどうかも確認しましょう。ただし、いくらケアマネでもその場ですぐにはわからない場合もあります。そのときはちゃんと調べてもらった上で、その施設についての意見をもらうようにしましょう。

くれぐれも注意すべきなのは、ケアマネの提案した3カ所から選ばなければいけないわけではない、ということです。こんなことは誰も教えてくれません。ほとんどの人が介護初体験なわけで、勝手がわからないのは当たり前ですから、提案された3つの中から選ばなくてはいけないと錯覚してしまうのです。

ケアマネもプロですから、介護を受ける人の状態に最適と思われるところを見繕ってきてくれます。しかし、それ以外にも施設は山のように存在することを忘れてはいけません。もしかしたらその中に、あなたのご家族に最適な施設が隠れているかもしれないのです。

例えば、デイサービスが利用者となるご家族の住むエリアに100施設あるとすれば、100分の3でしかない。この100という数字は決して大げさな数字ではなく、私の地元の桐生市ですら通常規模のデイサービスは52、小規模のデイなどを足せば100近くあるのです。

だからこそStep1で述べたように、まずはご自身で情報収集を始めましょう。ケアマネに全部教えてもらおうというスタンスでもよいのですが、圧倒的に効率が悪くなります。プロだからといって、ケアマネの提案がベストとは限りませんので、ぜひ頭に入れておいてください。

私の母の場合にも、こんなことがありました。

初めてデイサービスを選ぶときに、地域包括支援センターの担当者からやはり3カ所の提案があったのですが、施設の資料だけ置いて「連絡しておくのでお好きなときに見学に行ってください」と言われたのです。「えっ!? 一緒に来てくれないの?」と、かなり不安になったのも当然です。

ともかく父の運転で、母と私の3人で見学に行きました。その頃、母は「なんで私がデイサービスなんかに行かなくちゃならないの?」と言っていたくらいなので、見学に連れ出すのも大変でした。当時の私は全く知識のない素人ですから、何を見て、何を聞いたらいいのかもわかりませんでした。かろうじて、デイサービスという言葉を知っているくらいのものだったので、この3カ所から選ばなくてはいけないんだと思い込んでいました。

結果的にはその中から1カ所、たまたま母が気に入ったデイサービスに通うことになりましたが、どれもイマイチだったとしても、無理してどれかひとつを選んでいたかもしれません。予備知識がないと、そんな妥協もしなくてはならなくなります。

3 リスペクトしながら無理も言う

ケアマネには注文をつけてもかまいません。提案されたサービス内容や施設に対して、「もっとこういったことができないの？」「こんなサービスを別に探してほしい」などの注文です。

ケアマネとのつき合いは、施設に通ったり入ったりしたあとも、介護保険サービスを受け続ける限り必ず続きます。もちろんケアマネも人間ですから、合う・合わないがあるでしょう。でも、たまにしか会わないからいいやとか、仕方がないとあきらめないでください。利用者である家族にベストな介護サービスを受けてもらうために、最適なケアマネは必要不可欠なのです。ケアマネはベストパートナーでなければなりません。

このように、いろいろな面から利用者本人との相性を考慮しなければなりませんが、実は大前提として、あなた自身との相性を優先する必要があります。というのは、あなたが利用者本人のマネジャーとして、ケアマネや介護施設と交渉する役どころだからです。そのためには、ケアマネのバックボーンもよくよく聞いて、自分の経歴や今の仕事や状況なども率直に話して、ラポール（親密かつなごやかな信頼関係）を形成しなくてはなりません。

ケアマネは多忙でありながら決して高い報酬を得ているわけではありません。にもかかわらず、自分の家族のために時間を割いて動いてくれるケアマネは大切にしないといけない存在です。大切にしつつ、でも必要な無茶振りはする。それでいいと私は思っています。1人当たり約40人いる担当利用者、そしてその家族の中で埋もれてしまわないようにケアマネの記憶に残る。そんな、少しうるさい介護熱心な利用者家族のポジションを確立することが大事です。

日常生活の中でも、いわゆるダメ元で言ってみるようなケースはあると思います。たとえは変ですが、「少し安くして」とか「おまけして」などと言ってみると、案外無理を聞いてくれることがあるのと一緒です。

サービス付き高齢者向け住宅（サ高住）のような入居タイプでも、「月の利用料、もう少し何とかならないか」などとケアマネを通して交渉するのもひとつの手です。施設側はケアマネに悪い印象を持たれることを嫌いますので、料金にかかわらず施設側への要望やリクエストがあるときは、まずケアマネに伝えます。そしてケアマネから施設側に伝えてもらい、その上で直接訴えるのがベストでしょう。

介護保険が使えるサービスには意外と細かい規定があり、使えない部分もけっこうあります。例えば訪問介護では、本人の部屋以外の掃除、家族が使うお風呂やトイレの掃除、仏壇の手入れ、庭掃除などはしない、などです。

もちろん単なるワガママを言ってはいけませんが、人間関係ができていて、フットワークのいいケアマネであれば、介護保険外のサービスについても何かしら調べて提案をしてくれるはずです。「本人がいない間に部屋の掃除をしてほしい」とか「家族で外食したいけれど、トイレの心配があるのでトイレ介助をできる人を手配してほしい」、「買い物に一緒に連れて行ってほしい」といったリクエストをしたいこともあるでしょう。そういうサービスをしているＮＰＯ法人もありますので、紹介してもらい、ついでに手配もしてもらうことができるかもしれません。

　このように、ケアマネの仕事とは思えないようなことでも、とりあえず相談してみましょう。よいアイデアやよい提案を受けられればラッキーですし、そんなところにこそケアマネの提案力の差が出るものです。

Step 3 施設を訪問、見学

1 立地を確認

①自宅からのアクセス

　通所タイプの場合は、まずは自宅からのアクセスが大事です。自宅からの移動時間が長いと、利用者が疲れてしまったり乗り物酔いしたりする場合があります。

　だいたいクルマで30分以内を目処に検討しましょう。送迎車は他の利用者のお宅も回るので、その時間も考慮に入れておかねばなりません。実際にかかる時間が30

分以上となると、利用者にはストレスがかかりますので注意が必要です。送迎の順番や、何人くらいが同じ送迎車を利用するのかも確認しておきましょう。

入居タイプの場合も基本的には同じです。当然ですが、例えば家族であるあなたが会いに行くのに、負担にならない距離が望ましいでしょう。あまりに遠いと、会いに行くのが億劫になったり体力的にキツくなったりしますので、利用者ご家族に寂しい思いをさせることになります。しかも、時間と体力とお金の無駄遣いになってしまいかねません。

また、やむなく遠距離介護になる場合も、交通アクセスのよさを必ず考慮に入れましょう。会いに行くときの負担にならないよう、自宅からの車でのアクセス、電車でのアクセスのチェックは大事です。

②周りの環境

施設の周りの環境をチェックします。街中にあるのか郊外にあるのか、近くに公園や商業施設があるのかなどの確認もしましょう。公園が近くにあれば、散歩に行ったり花を見に行ったりすることができます。またコンビニやスーパー、惣菜屋さんなどが近くにあれば、買い物に行くこともできます。

駐車場の台数も確認しておきましょう。通所タイプの場合、規模によりますが送迎車が4、5台はあるでしょうから、それ以外に何台分スペースがあるのか。ホームなど入居タイプの場合も、規模によりますが駐車場にたっぷりと余裕があることを確認しておきましょう。

2 施設内の状況は?

①臭いは要チェック

施設に入ってまず気になるのは、実は臭いです。糞尿やゴミ、カビなどの臭いがしないかどうかを確認します。もし変な臭いがする場合は、オムツやパッド、ゴミなどの処理が適切になされていないと思われます。

部屋やトイレ、浴室の臭いも確認しましょう。臭いがする場合は、適切な掃除がされていないかもしれませんし、空調に問題があるのかもしれません。建物の老朽化が進んでいるという、根本的な問題なのかもしれません。

②水回りも入念にチェック

水回りも特にチェックしましょう。手洗いや口腔ケアをする場所の周囲が濡れたままになっていないか、その周辺にペーパータオルやゴミなどが落ちていないか、確認しましょう。

濡れたままになっていたり、足元の床が濡れていたり、ゴミ箱からゴミがあふれ出ていたりということがあれば、その施設のスタッフの意識レベルは低いといえるかもしれません。床が濡れているのは、利用者が転ぶ危険があるので特に重要です。ゴミ箱がいっぱいになっている施設だと、ゴミの回収や掃除が毎日行われていない可能性が高いでしょう。施設長のスタッフへの指導ができていないのか、それとも人手が足りていないのか、どちらにしても要注意です。

③天井の高さ

天井の高さも確認します。誰でもそうですが、天井が低いと狭苦しく感じます。逆に天井が高いと広々とした開放感が得られます。照明器具だけではなく、窓などによる採光の具合も確認しておきましょう。

通所タイプであっても、一日の大半を過ごす空間です。暗くてジメジメとして、狭くて抑圧されたような空間よりも、明るく気持ちよくリラックスできる空間のほうがよいに決まっています。

もちろん入居タイプでも同様ですが、日当たりと窓の外の景色は特に確認しておきましょう。そこで生活することになるのだから、家や部屋を選ぶときの感覚と同じです。しっかりと見極めることが大事です。窓の外には隣の家の壁しか見えない、なんてことはほとんどないとは思いますが、ちゃんと確認してください。

3 スタッフの質は?

①笑顔と声の大きさ

まずは、挨拶の声と大きさです。当然ですが、耳の遠い利用者もいますので、明るく元気に大きな声でなければいけません。

スタッフ間の声の掛け合いも、大きく明るい声で行われているかどうかも確認しましょう。スタッフ間の掛け合いの声が小さかったり、あるいはまったくなかったりすると思わぬ事故につながる場合もあります。

笑顔大事!

すべては表情に現れます。スタッフの笑顔が絶えないような施設では、利用者もうれしそうに笑顔で過ごしているものです。ですから、まずは利用者と接するときのスタッフの表情を確認してください。表情がなごやかだと、利用者もなごやかな気持ちになる。冷たい態度や表情で接していると、利用者も不安な気持ちになるものです。表情と物言いから、スタッフが疲弊していないか、質は保たれているかを確認してください。

②介助のやり方

トイレ誘導やトイレ介助、食事の介助なども、見学できるものならなるべく見ておきましょう。

トイレまでスタッフが一緒に行っているでしょうか。歩ける利用者でも、足腰が弱っている場合があります。トイレ誘導では、複数あるトイレのどこが空いているか、そしてどこに誘導するかという細かい配慮が必要です。放ったらかしは大変危険です。

食事の介助ですが、病院の入院食を食べるときのような雰囲気になっていないでしょうか。（あくまで私個人の印象ですが）看護師は「サッサと食事を食べさせている」感が否めません。体力回復に必要だから食べなさいということなのか、人手が足りないから早く食べてもらいたいのかはわかりませんが、どうも急かしているような感じがします。むりくり感がないか、観察しましょう。

③話し方、接し方

利用者と接するときに、横柄な態度や上から目線の物言い、タメ口など、あまりに行きすぎた言動がないかどうか、確認しましょう。表情と物言いで、スタッフの品性の良しあしをこっそり確認してください。

また、利用者が安心するためにも、適度なボディタッチは必要なものです。さりげなく手や肩などにタッチしているかを見てみましょう。そして、話すときに視線の高さを合わせているか。この、視線の高さを合わせるというのは、利用者はほとんど座っているのでとても大切なことです。スタッフが膝を折り、あるいは腰を屈めて視線の高さを合わせる、または視線をやや下から見上げるという動作が自然にできているかどうか、見ておきましょう。視線次第で、利用者はとても話しやすくなるものなのです。

4 食事は最重要イベント

①施設の食事はビッグイベント

利用者にとって、食事はビッグイベントです。唯一の楽しみといってもよいくらいです。デイサービスのような通所タイプでは昼食が、ホーム等の入居タイプでは昼食と夕食がビッグイベントになります。これが病院の入院食のようでは楽しみがありません。

今や、その病院の入院食でも献立が貼り出してあるくらいです。病院は治療がメインですが、介護施設は機能維持と日常生活を楽しく過ごすことを目的としているのですからなおのこと、すべての献立がちゃんと貼り出してあるかどうか確認しておきましょう。食事の中身は、利用者にとって大変重要なものなのです。

②食事の品数、盛りつけをチェック

器や盛りつけにこだわっている施設は、食事がビッグイベントだということを理解しているといえます。経営者や施設長の想いが表れるところです。

まるで入院食のようにそっけない器に盛りつけられていては、せっかくの食事も美味しく感じられなくなります。割れないようにプラスティックの器を多用している施設もあります。当然、予算の関係もあると思いますが、食事の料金は別に取るわけですから、盛りつけや器、品数にまでしっかり気を配っているか、確認しましょう。
手づくりの料理を売りにして前面に押し出している施設もありますが、給食サービスを使っているところでも、盛りつけや器に気を配るだけでも雰囲気が変わります。今どきの言葉でいえば「映（ば）える」わけです。昨今ではマズい食事を提供している施設はさすがにないとは思いますが、料理は見た目も味の一部です。いかにも100均で売っているような器ばかりでは、利用者もがっかりするでしょう。

③食事中の利用者の表情をチェック

美味しそうに食べている人、ニコニコ話しながら食べている人、ガツガツ夢中で食べている人。そういう人がいるかどうかで、その施設の食事の美味しさ、質の高さが判断できます。

無表情で食べている人、そっけなく仕方なさそうに食べている人が多いようだと、盛りつけや器の貧弱さも含めて、美味しくない可能性があります。食べ残しが多いようでは、まさに推して知るべし、です。もちろん、たまたまその日は美味しくなかったとか、量が多すぎただけということもあり得ます。が、食事時の利用者の表情や様子が極めて重要なチェックポイントになるのは間違いありません。

5 サービスの内容は？　売りは何？

①その施設の特徴は？

その施設の特徴は何か？　聞いてみましょう。案内してくれる人が施設の特徴を明確に説明できたとしたら、その施設の完成度とスタッフの質は、かなり高いといえます。

デイサービスのような通所タイプの場合は、差別化を明確に打ち出すことは非常に難しいものです。そういう中で、特徴を明確に伝えることができる施設は数少ないかもしれません。それでも、わずかでも表に現れた特徴が利用者家族に適したサービスだと思えたら、候補のひとつに加えましょう。

ホーム等の入居タイプでも、サービスの差別化を打ち出すことは簡単ではありません。特養や老健は特にそうだといえます。

間取りや造作、広さ、高級感などのスペックを特徴として話してくる場合もありますが、それは特徴ではありません。外から見ただけでもわかることです。その施設にお世話になれば、どんなサービスが受けられるのか。まさにそこを聞きたいわけです。そしてそのサービスが、これから介護を受けることになる利用者家族に適しているかどうか、家族として判断をしたいわけなのです。

②オプションをチェック

あとからよく問題になるのは、オプション料金です。オプション料金がパンフレット等に書かれていない場合が多々あります。あとになって請求書を見ると、その金額にびっくりするという話をよく耳にします。

特に入居タイプの介護施設に多く見られることなのですが、トラブルを防ぐためにもあらかじめオプション料金を確認しておくことが大事です。

おむつがいくら、パッドがいくら、食事がいくら、光熱費がいくら、入浴がいくら、などです。基本の料金にはどのサービスまで含まれているのかを確認して、含まれていないサービスにはどんなものがあるのか、そしていくらかかるのかを事前に聞いておきましょう。

1カ月の合計金額は施設を選ぶ基準にもなるし、その概算がわからないとあとで支払いに困ることになります。

③緊急時の対応力

不測の事態が起きた場合の対処法をどうしているのか、確認しておくことも大事です。施設側も、自分たちの責任になってしまうことを恐れています。したがって緊急事態の場合、どんな対策や処置をするのか決めているはずです。

救急車で搬送するのか、病院まで施設が送り届けてくれるのか。家族に来てもらうまで何もしない、もしくは家族の指示がなければ動かさないのか。どのような応急措置を取るのか。または応急処置ができるのかを確認しておきましょう。

6 すべては利用者の表情に現れる

①つまらなそうな表情の人が多い？

まず、利用者の表情を観察します。ボーッとしている人や、つまらなそうな顔をしている人はどのくらいいるでしょうか。そして、スタッフはそういう人に声掛けしているでしょうか。

デイサービスのような通所タイプの介護施設は、ある意味エンターテインメント性が求められます。通っている利用者がつまらなそうにしている施設は、楽しさや快適さが少ないのだろうと想像できます。

また、要介護度が高い人が多いとか、おとなしい人が多いとか、年齢の高い人が多いといった、その施設ならではの特性を確認しておくことも必要です。

ちなみに、グループホームは認知症の人しか入れません。5人からマックスで9人が一緒に生活をします。人数が少ない分、相性がいいとか悪いとか、性格が合うとか合わないとかが明確に表れます。合う人ばかりだとよいのですが、合わない人ばかりだとストレスがかかってしまい、かえって悪化する場合もあるので注意しましょう。

②利用者間の会話はどうか

利用者同士が積極的に会話しているか、それともシーンと静まり返っているのか、ここは利用者の性格によって分かれるところです。

社交的でおしゃべり好きの利用者の場合は、積極的に会話が交わされている施設のほうが適しています。しかし、おとなしくて無口な利用者であれば、利用者間の会話がそれほど多くないほうがいい場合もあります。

例えば認知症の人の場合は、同じ話を何度も繰り返して話します。したがって、認知症の人には認知症の人とおしゃべりをしてもらうのが一番です。もしもご家族が認知症の場合は、その施設に認知症の人がどのくらいいるのか聞いておきましょう。

③状態を見る

その介護施設の利用者の状態を確認しておきます。車椅子の人はどのくらいいるのか、要介護度はどの程度の人が多いのか、などです。自分の家族をその中に入れても大丈夫なのか、みんなの中で浮かないだろうか、ということも確認しておくべきです。

7 聞いておくべきこと

訪問する前に、聞いておくべきことをまとめておくと、聞き忘れが防げます。以下に、私が重要だと思う確認事項を挙げておきます。

①定員数と空き状況

定員数と空き状況は、通所タイプ・入居タイプどちらも場合でも聞いておくべきことです。

通所タイプの場合は、何曜日に何人ぐらいの空きがあるのかを確認します。ケアマネに聞いてもわかるはずです。

入居タイプでは、部屋の種類といくつ空きがあるかを聞きましょう。空いている部屋があれば見ておくとよいと思います。そうすれば、ベッドはどこに置く、何々はどこに置くといったイメージができて、そこでの生活が想像できます。その中に自分の家族を当てはめてみて、しっくりくるかどうかを確かめておきましょう。

②男女比と年齢層

デイサービスの場合は女性の数が圧倒的に多いので、男性の比率がどれくらいかを聞いておくのも重要です。

年齢層が、利用者家族の年齢に近い人が多いかどうかも確認します。年齢層が上の人ばかりでも、逆に下の人ばかりでも、話題が合わなくていづらくなる可能性があります。また、他の利用者が住んでいる街や生活圏を確認しておくと、共通の話題が見つかる手掛かりになることもあります。

③介護度の対応

チラシやパンフレットには「要支援1から要介護5まで可」とあっても、施設の本音は違う場合があります。現状の利用者の要介護度を調べて、数の多い層はどこかを確認することで、施設の本音が見えてきます。

それがわかったら、利用者となる自分の家族の介護度と照らし合わせてみましょう。利用者家族の要介護度が高いのに、要介護度の軽い人が比較的多い施設に入れられたら周りから浮いてしまいます。その逆もまた然りです。

利用者の状態によっては拒否される場合もありますし、また、要介護度が高くなった場合でも対応してもらえるのかも、確認しなければなりません。まれにですが、「介護度が高くなったら出てください」というケースもあるのです。人手不足で、要介護度の高い利用者を受け入れられないという事情を抱えている場合もあり得ます。注意が必要です。

④経営理念は現実味があるか？

経営理念（企業理念）を確認します。それが、あまりに大きな目標を謳っている、現実味を感じられない、ありきたりなど、共感が持てないものであった場合は敬遠しましょう。

経営者が介護の専門家ではない場合もありますが、経営理念には経営者の熱い想いが表れますので、共感できる理念かどうかは大事な判断基準です。

⑤経営者の経歴・プロフィール、始めた理由

経営者のバックボーンは経営理念（企業理念）につながっています。したがって経歴やキャリア、始めたきっかけや想いなどを聞いておくことも大事です。

経営者に会えない場合は、施設長や案内してくれたスタッフに聞きましょう。その人が、社長や理事長などの経営トップの経歴と、始めた理由をスラスラ話せるようなら、経営トップの考えや想いがスタッフに浸透しているということです。

逆に、そういうスタッフがいない施設は危険です。

⑥一番の特徴や売りの部分（USP）は何か

USP（Unique Selling Proposition）という概念があります。直訳すれば「独自の販売条件」ですが、日本では「独自の強み」と解釈されているようです。ただし注意すべきは、「他社にはない強み」とは違うということ。「Proposition」は契約時の提案や条件という意味なので、他社もやろうと思えばできることでも「ウチならばこうします」という強い約束をすることで優位を築くことができるというのが、

ＵＳＰの本質です。

利用者に届く売り文句であれば、例えば「リハビリに特化しています」とか「認知症ケア専門士が○名おります」などでしょうか。もちろん「スタッフの対応力が売りです」というのも素晴らしいですね。

特徴やセールスポイントを、自信を持ってつくれていないような施設は選びづらいものです。

Step 4 検証

❶ 利用者本人のライフスタイル

①ライフスタイルを鮮明化

介護を受けることになる家族の、趣味や特技、好きなことなどをピックアップしておきましょう。家族とはいえ、普段は気にしたこともなく、過去のこともよく知らないというのはよくあることです。過去の出来事や普段の生活を家族みんなで振り返って、ご家族本人の人となりを浮かび上がらせるという作業も意味があると思います。

例えばこんなことでよいのです。

●歌を歌うのが好き（カラオケ大好き、コーラス経験あり）
●書道をしていた
●陶芸をしていた
●絵を描くのが好き（絵画鑑賞が趣味）
●カメラ・写真が趣味
●料理が得意（上手）
●ピアノを弾いていた
●洋服・ファッションが好き
●散歩が好き

●体操・ストレッチが得意
●俳句が好き（短歌が好き）
●読書が好き
●温泉が好き
●旅行が好き

何でもかまいません。なるべく多くの事柄を書き出しましょう。その中でプライオリティをつけて、絞り込んでいきます。これは、できれば情報収集前にリストアップしておくとよいと思います。

これと同じ内容を、ケアマネにフィードバックしておくことも忘れないでください。

私の母の例ですが、コーラスや合唱をしていた彼女にちょうどぴったりの、音楽療法をしているデイサービスがありました。そこではカラオケはもちろんのこと、アコースティックギターの演奏やピアノの演奏で一緒に歌うこともできる施設でした。

②体験してみる

デイサービスなどは、お試しとして1日体験ができます。いきなり決めてしまう前に、体験サービスを使ってみましょう。その上で、利用するご家族本人の感想や要望を聞きましょう。

食事はどうだったか、レクリエーションは何をしたか、他の利用者との会話はどうだったか、苦手な人はいなかったか、施設の雰囲気はどうだったか、などです。そういった情報をもとに、本人に合っていそうなところを候補に決めるのがいいと思います。

ホームなどの入居タイプを探している場合でも、お試しができるところがあるので、もしも時間的な余裕があれば宿泊体験してみましょう。

2 64チェックシートを活用

①64チェックシートをヒアリングシートとして使う

例えば、仕事の打ち合わせでお客様のところに行くとします。そのとき、事前に先方に確認することや聞くべき質問内容を用意してから行くのではないでしょうか。特に新規のお客様に対してはなおさらです。

介護施設への訪問や情報収集も、それと全く同じと考えてください。

そこで役立つのが、巻末付録（247ページ）の「64チェックシート」です。この64チェックシートは8つのグループに分類され、グループごとに項目が各8つ、合計64項

経営者の 思い	経営者の ストーリー プロフィール	施設の 売り・特徴 こだわり	ホームページ	SNS	LINE公式 アカウント	交通	ロケーション	環境
経営母体	① 経営理念	スタッフ 教育制度	パンフレット チラシ	② 情報発信	求人専用 サイト	建物外観	③ 立地	駐車場
広報誌	館内掲示 クレド	共感できるか	年間行事 イベント スケジュール	動画配信	地域活動 施設開放	看板	花壇・菜園	近隣の 商業施設
臭い 生花 グリーン	セキュリティ バリアフリー	共用設備	① 経営理念	② 情報発信	③ 立地	言葉遣い	挨拶・表情	離職率
お風呂	④ 施設内	トイレ	④ 施設内	介護 施設選び チェック	⑤ スタッフ	服飾品	⑤ スタッフ	スタッフ体制
水回り	居室	雰囲気	⑥ 食事	⑦ サービス	⑧ 利用者	介助の様子	キャリア 勤続年数	施設長
献立 メニュー	手作り 配食	対応種類	介護度対応 変化対応	認知症対応 専門スタッフ	料金	男女比	中心 年齢層	中心 介護度
盛りつけ	⑥ 食事	食事介助	看取り対応	⑦ サービス	機能訓練 リハビリ 専門スタッフ	定員数 空き状況	⑧ 利用者	表情
イベント食 季節感	品数	おやつ	お出かけ	重要事項説明書	医療等提携先	居場所 会話	レクリエーション	自由度

図表4-6　64チェックシートの縮小版（巻末に見やすい拡大版があります）

目あります（**図表4－6**）。

事前に確認しておくこと、聞いておかなくてはいけないことなどの項目が整理されて並んでいます。これを用意しておけば、聞き忘れや調べ忘れがなくなります。聞き漏らしたこともわかりますので、あとで確認もできます。

いくつか複数の施設を回ることになりますので、その施設ごとの違いを明確にするためにも役立ちます。見学訪問のあと、施設側が言っていたことやこちらで調べたことなどを整理して明確にしておくと、比較検討しやすくなると思います。

項目数が多いので、すべてを調べ切れないこともあると思いますが、重要な項目だけはチェックしておきましょう。

3 迷ったらStep1、Step2を繰り返す

見学訪問した施設がイマひとつピンとこなかったら、Step1の情報収集、Step2のケアマネ提案を繰り返してください。

Step1のネット検索による情報収集では、エリアを変えたり増やしたりする、ま

た検索キーワードを変えてみるなどの調整をしてみましょう。

例えば入居タイプであれば、「有料老人ホーム　○○市」という基本形に、エリアを追加して、さらにキーワードを足してみます。「有料老人ホーム　○○市　△△市　低価格」などです。


そしてStep2でも述べましたが、ケアマネに遠慮はいりません。納得できなければこちらの要望をさらに伝えて、とことん調べてもらいましょう。ただし、「こんなことができる施設がいい」「こんな立地のところがいい」「費用はこれくらい」などの、より具体的なリクエストをしたほうがブレない提案として返ってきます。

くれぐれも嫌われないように。嫌われて損をするのはあなたです。

4 気になった施設の求人募集状況をチェック

気になる施設があったら、念のため求人情報サイトでチェックしておきます。慢性的に人手が足りない施設もあったりするので、そういった施設は何かしらの問題を抱えているかもしれないからです。

①求人情報サイトの見方

求人情報サイトとは、リクルートやエン・ジャパン、マイナビなどが運営している求人広告が載っているサイトのことです。掲載には掲載料がかかります。

昔は「とらばーゆ」「Ｂｉｎｇ」などの紙媒体が書店やコンビニに並んでいましたが、今の時代はそういった求人誌のほとんどがインターネットに移行し、サイトとして誰でも見られる状態で存在しています。ごく一部になってしまいましたが、「タウンワーク」など、紙とネットの両方で見られる媒体もあります。

ですから、まず検索サイトで「施設名（会社名）＋求人」などと打ち込んで検索します。

実際に求人情報が見つかったら、どんな職種を募集しているかを確認します。

もしも次のようなスタッフを募集していたとしたら……、その施設はこんな状況かもしれません。

「生活相談員」――ちょっと大変かも

「介護スタッフ　有資格者」――ちょっと大変かも

「看護師」――かなり大変かも

「管理者」「施設長」――ヤバいかも

「パート」――前向きな予備人員補充の場合もあります。また、人が集まらないのでパートでつないで回している状況も考えられます。後者の場合はヤバイかも

「送迎」――分業化が進んでいる

「清掃」――分業化が進んでいる

このように、その介護施設が募集している職種によって、置かれている状況がある程度わかります。

②求人専用のサイトを用意しているか

求人情報サイトとは別に、自社ホームページの求人専用ページまたは求人専用サイトを用意しているかどうかを確認します。ある施設は、ホームページにリンクが載っています。

そして、求人専用サイトを見つけた場合は内容をチェックしておきます。

最近では、中小、大手を問わず求人専用サイトをつくっている企業は大変多くなっています。どこの企業でもよい人材確保に必死なのです。このようなサイトは、人手不足の業界では特に必須アイテムになっているといえます。

介護業界も人手不足の代表のような業界ですから、人材確保に力を入れているところはちゃんと用意しています。

求人専用サイトを見ると、わかることがいくつかあります。

ひとつは、経営者の人柄です。経営者が、動画で自分の考えや理念を伝えているサイトはよく見られます。見学訪問時に経営者に会えなかったときなどは、こういった動画を見ることで経営者の人柄を理解するヒントにできます。

もうひとつは、そこで働いているスタッフのコメントや動画を見ることで、その施設でどんな人々がどんな思いで働いているかがわかります。訪問時に会うことができたスタッフが登場して、施設内を紹介している場合もあります。

しかし、そういった内容が一切載っていない求人ページだったならば、見てもあまり意味がありません。

家族を預ける側からすると、その施設の考え方やスタンス、そこで働いているスタッフの人となりなどが垣間見られることで、安心感を得ることができるのです。

③スタッフが足りているかどうかをチェック

前述の求人情報サイトもそうですが、今はハローワークもインターネットで検索できます。ハローワークのホームページを訪れてみてください。

ハローワークには、雇用保険に入っている事業所であれば無料で求人掲載ができます。したがって、ほとんどの介護事業所はハローワークに求人票を出しています。

ハローワークの求人票には掲載スタート日が書いてありますので、いつから募集しているのかがわかります。3カ月クールで掲載でき、人が決まれば途中で掲載を止めることができ、逆に延長することも可能です。

最近の介護業界は、星の数ほど募集を載せていますが、ハローワーク経由では人が集まらなくなっています。ですから、あくまで目安として確認してみてください。募集職種が多いところは、スタッフが定着していない、あるいは足りていない証拠です。

Step 5 再訪して決める

1 アポなし訪問で実態を確認

気になった施設や気に入った施設があったら、アポなしで再訪してみることをお勧めします。

一般の会社でもそうですが、お客様が来るとわかっている場合、きれいに掃除したりお茶や食事を用意したりしておくものです。

施設側もビジネスですので、お客様が見学にやって来るとなれば、それ相応の準備と対応をすると思います。ですから、アポなしでブラリと寄ってみるのが、意表を突いた攻撃となって素の状態が見られます。

普段はどんな雰囲気なのか、初めに見学訪問したときと変わらないのか、どこか違った雰囲気がするのかを確認しましょう。

そして、聞き忘れたことやチェックし忘れたことなどをついでに確認しましょう。再確認の意味もありますので、同じことを再度聞いてみてもいいと思います。

最初の訪問時に説明してくれた人と違う人が対応してくれている場合などは、意地悪ですがわざと同じことを聞いて、どんな答えが返ってくるかを確かめるのもいいと思います。

ひとつ気をつけるべきなのは、怪しい人に思われないようにすることです。介護施設は、利用者の安全確保のため外部からの侵入を防ぐべく、入り口がロックされている場合があります。再訪したときに、前回と同じ人が出迎えてくれるとは限りません。きちんと身元を明かして、「気になったので再度見に来ました」としっかりと伝えましょう。

①あえて忙しい時間帯を狙え

再訪するときは、あえて忙しい時間帯を狙う手もあります。相手の対応力を見ることができるからです。

例えばお昼時の11時半から12時ぐらいは、食事の提供をしなくてはならないので非常に忙しい時間帯です。ついでに、どんな食事を食べているのか、利用者の表情はどうかも確認できます。

デイサービスのような通所タイプだと、午前10時半から11時ぐらいは入浴の時間になっています。14時30分ぐらいにはレクリエーションをやっていることが多いようです。そして15時過ぎにはおやつの時間になります。

ホーム等の入居タイプだと、12時ぐらいに昼食、17時30分過ぎぐらいからは夕食準備になります。

②食事時間

食事の時間に再訪するのは、Step3で述べたようにいろいろなものが見られて非常に有効です。

ですので、食事のときの再訪問はお勧めです。その施設の実力が垣間見られる一瞬だと思います。

③スタッフの対応と表情

忙しいときの来客には対応力が必要です。忙しい中でも懇切丁寧に対応してくれるところもあれば、「この忙しい時間に何しに来た?」という顔をするところもあると思います（笑）。また、来客に気づかずに放置されてしまうようなところもあるでしょう。

出迎えたスタッフがどんな表情をするのか、確認してみるのもいいと思います。

チェックポイントは、表情は笑顔か、挨拶に元気があるか、声は大きくてはっきりしているか、などです。

急場でのスタッフの対応力は、その施設の質の高さを如実に表します。大きな声で挨拶をして、笑顔で出迎えてくれれば、高い点数をつけられます。

アポなし訪問をすると、前回の見学訪問時と違って施設長や管理者がいないかもしれません。一般のスタッフしかいない場合もあり得ますが、それはそれでものすごくラッキーなことです。施設長や管理者がいるときは、一般のスタッフも少なからず緊張しています。上司が留守にしていることで、ホッとして仕事している場合があるので、ナマの現場を観察することができます。

結局のところ、あなたの家族を介護してくれる人は現場のスタッフです。経営者でも社長でもありません。施設長や管理者、責任者も含めた現場のスタッフの人柄や仕事に対する真剣さ、そして対応力にかかっているのです。

COLUMN

施設選び、あるある

「請求金額が、初めに聞いていた金額と違う！」というのはよくある話です。パンフレットには8万円と謳っていて、実際に請求されたのは倍以上の高額請求をされたというケースなどです。

この他にもいろいろあって、「リハビリやっています！」と謳っていながら、全くやっていない施設もあります。

食事が美味しいと評判だったはずが、実はお弁当だったという、これもよくある話です。

「認知症、引き受けます」と謳っていながら、いざ入居してたった2カ月で追い出された、という話も聞きます。住宅型有料老人ホーム＋デイサービスのビジネスモデルだった施設でのことです。

ある特別養護老人ホーム（特養）では、認知症の利用者さんを、入居からわずか2日で病院に送り出したそうです。特養だからといって安心はできません。

70歳代の男性、脳血管疾患で入院という人がいました。退院後はサービス付き高齢者向け住宅（サ高住）に入居したそうです。退院時は杖歩行の状態でした。

そのサ高住は、「リハビリもできます！　外部のサービスも取り入れます！」という謳い文句だったので入居したそうですが、2週間後にご家族が訪れてみると、もうすでに寝たきり状態になっていました。ベッドの周囲は柵でグルリと囲まれており、すべてベッド上での生活になっていたそうです。

そのサ高住は訪問リハビリのつもりで謳っていたのかもしれませんが、実際のところは何もしていなかったようなのです。

第5章 「with コロナ」「after コロナ」の介護現場

1 手探りの新型コロナウイルス対策

1 介護施設における集団感染

世界的に猛威を振るっている新型コロナウイルスですが、私と両親の住んでいる群馬県でもいよいよ身近な脅威となったのは、2020年4月11日のことでした。県内でクラスターの発生が疑われるとの発表があったのです。それも、私たちが住む桐生市の隣、伊勢崎市にある入居タイプの介護施設（住宅型有料老人ホーム）で集団感染が発生したというニュースでした。

時系列でいうと、4月9日に入居者2人、10日に入居者5人と職員が1人、そして11日に入居者23人と職員10人の感染判明と続きました。

この施設は、正確にはわかりませんが50床程度といわれています。したがって入居していた人のほとんどが感染してしまったことになります。入居タイプということは、入居者がどこにも避難できない状況にあるということです。憂慮すべき事態であり、悲劇だともいえるでしょう。

この感染状況を見ると、最初に感染が判明した職員がウイルスを施設内に持ち込んでしまったのではないかと想像できます。もちろん併設しているデイサービスを利用している入居者以外の人からの感染という可能性もありますが、感染者は4月12日には1人だけなので、その可能性は低いと思います。

実は、伊勢崎市での集団感染の少し前に、名古屋市緑区のデイサービスで集団感染が発生し、緑区とそれに隣接する南区の全126の事業所に対して3月7日から2週間の休業を要請したというニュースが流れました。このニュースで群馬県の介護施設にも衝撃が走ったのですが、名古屋と群馬では距離があるので、あまり身近には感じていなかったというのも事実です。

ところが、まさかの群馬での集団感染発生です。それも隣の伊勢崎市での出来事ですから、思わず「マジか～！」と驚声を発してしまったのもご理解いただけるでしょう。

案の定、それから間もなくの4月15日には桐生市でも初の感染者が確認されましたが、やはり伊勢崎市でクラスター化してしまった介護施設のスタッフでした。また、この感染者は桐生市内の医療機関（クリニック）にも関係していたということで、桐生市内でもそのクリニックがクラスター化する危険性があるのではないかと危惧されました。しかし幸いなことに、大事には至りませんでした。

2020年5月30日の時点で、群馬県の感染者数は149人、死亡者数は19人となりました。その内、その介護施設での感染者数は入居者44人、職員と家族や関係者で25人、合計で69人です。そして死亡者数では19人中の16人にも上っています。

2 介護現場での対応は

新型コロナウイルスは、介護施設や高齢者施設にとっては特に脅威となります。欧米では、新型コロナ感染症死亡者の40％から50％が介護施設・高齢者施設の入所者だとされているほどです。日本では15％程度に収まっていますが、いずれにしても恐ろしいウイルスであることに間違いありません（数字は20年4月末現在）。

もちろん新型コロナに限らずですが、感染症が蔓延した場合に備えて、介護施設および利用者は今後とも心しておく必要があります。ここでは、その心構えや注意点を述べておきたいと思います。

まず、実際の現場での対応はどうなっていたのか、押さえておきましょう。

国からの通達は至ってシンプルでした。マスクの装着や手洗い、検温、換気などの励行です。もっと具体的に、「利用者が〇〇の場合は⊠日間自宅待機」とか、「□□の状態だったら医師に相談の上、ＰＣＲ検査を受ける」といった明確なガイドラインは全く示されない状態でした。

桐生市の介護施設でも、2月くらいから臨戦態勢を取ってはいました。例えば私の母の入居する住宅型有料老人ホームでは、19年11月からインフルエンザ感染予防のために面会者を基本的にシャットアウトしていました。これはもともとインフルエンザの流行期には行っている措置です。ただし家族は、1名のみ・マスク着用・入口でアルコール消毒・面会時間15分以内などの条件つきで会うことはできていました。しかし、2月からはこれに検温がプラスされて、37℃以上の人は入館禁止となったのです。

私の弟が3月に母に会うために帰ってきたのですが、この検温で引っかかってしまい、母に直接会うことはできませんでした。せっかく千葉から顔を見に帰ってきたのに、遠目でしか見ることができなかったという、何とも切ない話です。

それはともかく、国から明確なガイドラインが示されないため、事業所は独自の対策を取って感染予防に務めるしかなかったのが実情です。そこで、どのような対策を現場は講じたのか。その一例をご紹介します。

入居タイプ（有料老人ホーム、サービス付き高齢者向け住宅など）の場合

①入居者への対応・感染予防

●毎朝の検温を、非接触型の体温計にて実施

●自立可能な利用者でも、不要不急の外出は控えてもらう

●利用者の外出は、基本的に外部デイと医療機関へ通う場合のみとする

②入館者への対応

●玄関前に簡易手洗い場とアルコール消毒液を設置

●館内に入る前に検温を実施し、記録する。37・5℃以上の場合はお引き取り願う

●入居者の家族にも面会を禁止する。差し入れや届け物は外玄関のテーブルに置いてもらい、スタッフが預かって利用者本人に渡す。施設によっては、差し入れ時に2m以上の距離を取った上で、5分程度の面会許可をする場合もある

●ドクター、看護師は防護服を着用

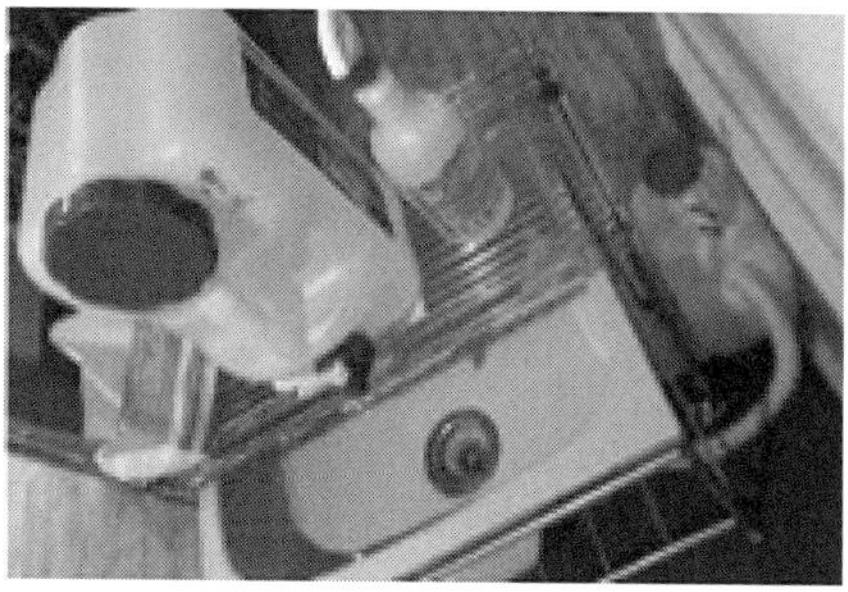

簡易で設置された手洗い・消毒スペース

●その他の関係者（訪問看護、ケアマネ、認定調査員等）にも、入館前に手洗い・消毒・検温を実施の上、連絡先も記入してもらう。もちろん、必ずマスクの着用をお願いする

●宅配業者や出入り業者（例えば酸素ボンベ等）との受け渡しについても、すべて玄関先にて行う

③館内での感染対策・クラスター化予防

●事務所の受付にビニールクロスを吊り下げて遮蔽

●入居者が食事に使う4名用テーブルの中央に透明のビニールクロスを吊り下げ、対面での食事における予防策を講じる

●食事時間をずらして、入居者同士の密を避ける

●食事中にはテレビを消し、食べ終わった入居者から順次自室に戻ってもらう

●共用スペースは、1日3回の換気・消毒を実施

●消毒液を使った拭き掃除の徹底

④入居者家族への対応・ケア

●面会ができないので、入居者をスマホ等で動画撮影し、家族にビデオレターとして送信する

●入居者家族から連絡があった場合は、入居者本人の様子を可能な限り伝える。ただし場合によっては、本人が直接電話連絡をするように取り次ぐ

●電話やメールで様子を伝えることができない場合は、手紙とともに写真を添えて送付する

●掲載可能な入居者に限るが、ホームページに写真を掲載する

⑤スタッフの対応・感染予防

●出勤時に衣服を替える、かつスタッフジャンパーを着用

●マスク着用の徹底。マスクが手に入らないスタッフには、他のスタッフが手づくりしたマスクを提供するなどして補完。マスクを購入できる場所を互いに教え合うことも

●自宅で使用する消毒薬がないスタッフには無償で提供
●スタッフ各自がプライベートでの自粛に努め、不要不急の外出を避けることを徹底する
●スタッフの会議はドアを開けたままで換気に注意して行う。オンラインでの会議に移行することも考慮
●業務連絡はＬＩＮＥで実施
●事務所の整理整頓に努め、デスクの場所を移動して1～2mの間隔を開ける
●業務態勢を見直し、勤務時間を変更するなどして、なるべく早く帰宅できるようにする
●日々の行動履歴を記録することをルーティン化する

⑥その他の注意事項および対策

●訪問看護やリハビリは、できる限り同じ担当者で行う
●入居者の中には認知症の人もいて、毎日のようにどこかに外出しないと気がすま

ないという場合がある。その場合はスタッフが付き添って買い物に行くといった対応をする。ただし大人数にならざるを得ないときは、スタッフが買い物の代行をするなどして対応。しかし、それでも外出したいという要望が強ければ、時間を決める、寄り道をしないなどの約束を前提として外出を許可する

入居タイプでは「面会禁止」にする施設が多いようです。もともとインフルエンザの季節になると面会禁止になる施設もあるのですが、必ずしも絶対ではありませんでした。しかし、今回の新型コロナの場合は違います。

私の母が暮らす住宅型有料老人ホームでも、４月17日の全国への緊急事態宣言と同時に、全面的に面会禁止になりました。宣言自体は５月14日に群馬県では解除され

Zoomによるオンライン面会

ましたが、この全く会えない状態は続き、6月いっぱいまで様子を見るとのことでした。

母のところに薬などを届けに行くと、他の利用者のご家族が玄関のガラス越しに、わずか1分ほど顔を会わせて言葉を交わしているのを見て、悲しくなったものです。家族にしてみれば、特に認知症だとその状況や状態を確かめたいのに、全く触ることもできない、会話もろくにできない状態が続いていました。

こういった事態になると、施設それぞれの対応力の違いが如実に現れます。前述の、動画や写真を送ったり、電話で話をさせたりという対応です。対応の早い施設では5月の段階で、すでにオンライン面会のサービスを始めていたほどです。

私も、5月3日にZoomを使った母とのオンライン面会を初めて試みました。事前に施設長に許可を得て日時を伝え、母のフォローをお願いしておきました。

当日、Zoomをオンライン状態にしたiPad miniを施設の玄関で渡して、母と部屋に移動してもらいます。私はというと、施設内駐車場に停めた車内でノートP

Cを開き、千葉にいる弟ともつないでスタンバイ。初めてだったのでいろいろトラブルもありましたが、母と弟と3人でのオンライン面会は無事に成功しました。顔を見ながら話ができて（聞けて）よかったなと、しみじみ思います。

ちなみに2回目は5月24日に行ったのですが、段取りは1回目よりは随分マシになりました。

第2波、第3波は必ず襲ってきます。そのときには、国からの明確なガイドラインが提示されることを期待します。

2 介護現場の疲弊と今後の課題

1 なぜ現場で集団感染（クラスター化）したのか？

本章の冒頭でも触れましたが、群馬県の介護施設で起きてしまった集団感染は感染者数68人を数え、群馬県での感染者数の半分近くを1カ所の介護施設から出してしまったことになります。死亡者数は16人で、ほとんどがこの施設の利用者でした。なぜこのように拡大してしまったのでしょうか。集団感染を防ぐことはできなかったのでしょうか。私なりに考えてみました。以下は、あくまでも個人的見解です。

考えられるのは、初期段階での対応を間違えた、あるいは初動が遅れたということです。

まず、ウイルスはどこから持ち込まれたのか。出入りしている業者なのか、スタッフなのか。私は、このケースはスタッフの可能性が高いと思っています。スタッフが感染に気づかず働き続けたか、多少の体調不良を抱えたまま出勤・勤務を続けたのではないかと考えられるのです。

もしも体調不良のまま働いてしまっていたのならば、なぜそうしたのか。実はここが真の問題点なのです。以下のような理由が想像できます。

●スタッフの人数が足りなかったから休めなかった

●人間関係がよろしくなく、体調不良を申告できなかった
●体調不良を申し出たが認められなかった

やはりここにも、我が国の介護施設が抱える問題の根本が垣間見えてきます。これまでにも述べてきましたが、職場環境や待遇面の問題に起因するスタッフのモチベーションの低下、人手不足、それらの結果として起こる過重労働……。

もちろん、検温などのバイタルチェックを普段からちゃんとやっていたのかという疑問符はつきますが、マンパワーがしっかりと機能していれば、ここまでの事態には陥らなかったのかもしれません。

同様に、利用者に対する感染防止および対策をしっかりとやっていたのかどうかも、重要なチェックポイントです。ここでもスタッフのモチベーションが低ければ、以下のような状況も考えられます。

●普段からバイタルチェックを怠っていたか適当にやっていたため、異変に気づ

くのが遅れた

●異変に気づいていたが、様子見の状態であった

●異変に気づいたが、隔離を怠った

●もともと利用者思い、利用者ファーストではなかった

これでは、新型コロナ対策も何もあったものではありません。

知り合いの介護事業経営者の話では、新型コロナ症状が疑われるスタッフが出たときの対応として、強制的に帰宅させ4週間の自宅待機を命じる。そして症状が見られなければ復帰させるという手順にしたそうです。

結果として実際に疑われたスタッフは新型コロナ感染者ではなかったそうです。もし感染していたとしても、初動の速さと徹底した対応で、感染拡大は最小限に抑えられたのではないかと思われます。

それに比べて、集団感染を出してしまった施設は、初動の遅さとその後の対処方法に甘さがあったのかもしれません。その甘さを生んだ原因はどこにあったのだろ

うか。その原因こそが、このような悲劇を生んでしまった本当の元凶ではないのか。そんな思いを抱かずにはいられません。

2 afterコロナの介護現場はどう変わるべきか

医療現場もそうですが、介護現場でもいまだに緊張状態が続いています。このような状況で、現場だけにストレスやプレッシャーを任せておいてはいけません。会社としての対応も当然問われて然るべきなのです。マスクの配布や消毒液の設置、空気清浄機の設置といったハード面だけでは、スタッフのストレスは決して癒されません。

神経をすり減らして自粛しているスタッフに対して、残業を減らす（早く帰れるようにする）、シフトを調整して休日を増やすなど、肉体的な休養を与えることも重要です。ハードもソフトも両方ともという、まさに総合的な施策が経営者には求められているのです。

言い換えれば、近未来の介護施設には、劇的な変化が要求されるだろうということです。「after コロナ」といえる状況になるのは当分先のことでしょうが、それでも「介護業界はこう変わる」という予測を、私なりにしてみたいと思います。

①IT・ICT・IoT化が進む

つまり、ペーパーレス化が加速します。これは介護以外の業務の簡素化、残業の縮小に確実につながります。また、非接触型体温計などを使用すれば不要な接触回数を減らすことができ、データのやり取りを無線化し、電子カルテを導入すればかなりの効率化を図ることができます。

このような流れに対応できない、あるいは無頓着な介護事業者は、時代の変化に取り残されてしまうことでしょう。

余談ですが私の体重計はスマホのアプリから起動させ体重、ＢＭＩ、体脂肪率、消費カロリ、筋肉量など8項目を計測し前回の計測からのプラスマイナスも表示し、結果はアプリにデータ保存記録されます。

また私のスマートブレスは、歩数、移動距離、消費カロリ、心拍数、血圧、睡眠時間、を勝手に24時間測定して、スマホのアプリにデータ記録されます。

この2つが繋がっていないのが難点ですが、普段の生活でもここまで来ています。

父のところに来るヘルパーさんもスマートブレスをしていて、私に自慢げに見せてくれました。70歳近い女性ですが当然スマホのアプリで管理してます。

介護業界でもできないことではありません。ぜひこの機会に加速させてもらいたいです。

②VR（Virtual Reality）、AR（Augmented Reality）の導入

入居タイプの利用者は、外部との接触や外出が以前にも増して極端に制限されるようになると思われます。インフルエンザの流行時期だけだったのが、年間を通して、家族との面会や他所のデイサービスに通うことが制限される可能性があるのです。

オンライン面会はもちろん、バーチャルリアリティを使った外出やショッピング

体験なども多くなるのではないでしょうか。

③失業者が介護業界に流入？

感染症爆発が起きると学校が休校になる。するとお子さんが家にいて、働きに出られないスタッフが多くなる。必然的に施設の人手不足は深刻になる……。

その一方で、今後さらに失業率はアップしていきそうです。そうなると介護業界に転職する人も増えるかもしれません。しかし、当然ながら介護にふさわしくない人材が応募してくることも覚悟しなければいけないでしょう。

そこで必要になるのが、経営者の選別眼と社内教育体制の確立です。もっとも、前者については周りが一所懸命になってもどうしようもありません。しかし後者についでは、その整備が急務であり必要不可欠なものです。この人材育成の重要性をスルーしてしまうようだと、さまざまなエラーの元凶になるといっても過言ではないのです。

COLUMN

新型コロナウイルス対策のチェックポイント

まずは入口、玄関です。消毒液は置いてありますか？　体温計は？　そして貼り紙などで「○○、××のような対応をしているのでご協力お願いします」と周知徹底しているでしょうか？

施設内に入ったら空気清浄機（できれば空間除菌機）があるどうか確認しましょう。些細なことかもしれませんが、施設側の姿勢が現れているともいえます。

他にも、換気はしているか、利用者同士の距離感はどうか、飛沫防止のシートや仕切りがあるかなど、目に見えるものだけでも確認しておくことが大事です。

感染対策は当然のことですが、家族の「会えない」にどう対応しているかも、ぜひ確認しておきたいポイントです。

コロナ禍でただ単に会うということが難しくなった、その利用者と家族の気持ちや思いを、どうすればつなげてあげられるのか。経営者や施設長の優しさと行動力がわかります。これこそが利用者ファーストの姿勢です。

第6章 人気介護施設の経営者に聞く

利用者はもちろん、スタッフも自然と集まる人気施設が存在します。どうして人気の施設になったのか。ブレイクのきっかけは何だったのか。そして事業展開や介護業界の未来像について、3人の経営者に話を聞きます。

1人目は、利用者が入所の順番待ちをするほどの人気の施設を経営しながら、人材の育成と経営者の育成の面からも介護業界全体を支えようとする経営者。

2人目は、ICTやIoT、AIを駆使したシステムを独自開発し、ビッグデータを活用した次世代型メガ・デイサービスの経営者。

3人目は、再現性99・9%の「敬護」フランチャイズ展開で、出店ラッシュが続くリハビリ特化型デイサービスの経営者。

考え方はそれぞれですが、介護業界の向上を望んでいるという点では共通しています。この3人のお話からは、介護業界の未来像がきっと見えてくると思いますので、介護施設選びの重大なヒントにもなるでしょう。

梅澤 伸嘉（うめざわ のぶよし）

プライマリーグループ代表取締役
https://www.primary1.co.jp/

6業態9施設におよぶ介護サービスを経営する。グループには、コンサルティング会社、プロモーション会社、介護人材派遣会社、介護経営者の育成会社などがある。

――2004年に独立起業されていますが、介護で起業するに至ったきっかけをお聞かせください。

両親が共働きで、子どもの頃から祖父に育てられたといってもいいほど、おじいちゃん子でした。

高校を卒業してすぐに溶接工として働き始めましたが、パチンコとお酒にハマった毎日を過ごすようなグータラな生活をしていて……。そんなある日、祖父が胆管ガンになって入院します。お見舞いには行ったものの何かできるわけでもなく、ベッドの横にただ座っているだけでした。20歳そこらの男には、変な恥ずかしさやカッコ悪さのようなものがつきまとって、病で苦しんでいる祖父を前にしても素直になれない自分がいたのです。

21歳のときに祖父は亡くなります。結局、看病はおろか、車椅子を押してあげることも寄り添うことも、ましてや優しい言葉をかけることすらできなかった自分には、後悔しかありませんでした。

毎日悶々としているうちに、「介護」という仕事について考えるようになりました。祖父に対して何もしてあげられなかった自分に対する自己満足だったのかもしれませんが、いてもたってもいられず、溶接の仕事を辞めて介護の仕事を学び始めました。

この辺の件は話すと長くなるので、拙著をお読みいただければと思います（『ハッピーマインド ハッピージョブ』アチーブメント出版／２００８）。

――事業を始めて、つらかったことはありますか？

つらさを感じたことはないですね。すべては経験だと思うので。

ただ、始める前に資金を工面するのが大変でした。銀行も融資してくれなくて……。２０００年から介護保険がスタートして４年目のことでしたし、実績もなく経験も足りない、おまけに資格も不足している人間には貸してくれませんでした。

それでも、シミュレーションをつくり直すなどしてしつこく粘りました。結局、個人で家を建てる名目で住宅ローンを借りて、１階をデイサービス、２階を住居にして始めることにしました。

現在は資本金１円からでも会社をつくることができますが、その当時は有限会社で３００万円、株式会社だと１０００万円の現金が必要でした。そこで、資本金の３００万円は介護現場で働いた３年で貯めて、それを元手に５００万円の運転資金の融資を受け、合わせて８００万円でスタートしたわけです。

そのときにいきなりスタッフを７人も雇用してしまい、わずか半年ほどで

８００万円が残り40万円にまで減ってしまいました。ヤバいなと思いましたね。「もうバイトするしかないか」と考えたこともあったので、今思えばつらい時期だったかなとも思います。でも、切り替えが早いので、つらい記憶は残っていないんです。

あとは、スタート間もない頃には、いやがらせの電話や脅しの電話が多くかかってきました。介護保険の開始を受けて、自分より経験のある人たちがたくさん「独立したい」と思っていたのでしょうが、できなかった。そこに経験のない若造が独立して会社をつくった。嫉妬されますよね。業界でもある程度の地位の人たちに、「あそこは潰れちゃうよ」とか「潰してやる」とまで言われていたくらいですから。

その当時、経営については未知の世界だったので、不安になった覚えはあります。しかし、そんな嫉妬ややっかみの土俵では自分は戦わないと決めていました。絶対に喧嘩はしない。結果がすべてなのだから、結果さえ出せば黙るだろうという気持ちでいました。

——今や人気施設になっていますが、ブレイクしたきっかけは何だと思いますか？

とにかく元気！　でしょうか。そして楽しんでもらうことに徹底しました。

受け入れもすべて○Ｋにしました。できたての施設の場合、他の施設で断られた人や問題行動をしてしまう人を受け入れてもらえますかと、ケアマネから回ってきます。実績がないからよくあることです。そういう案件も全部受け入れました。でも、いざ受け入れてみる「どこが問題なの？」という人たちばかりでした。ケアマネや前の施設の対応が悪かっただけじゃないのかと思ったくらいです。

それから、設備として好評なのは畳のお風呂でしょうか。浴室内に防水の畳が敷いてあって、滑らないように工夫してあります。当時はまだ珍しかったので、よくケアマネが見学に来てくれました。その来たケアマネを捕まえては、自分の施設の説明をしたものです。私は直接の営業をほとんどしたことがありません。俗にいうケアマネ営業ですね。居宅（居宅介護支援事業所）を回るという暇はありませんでしたから、見学に来たケアマネに営業することしかできなかった（笑）。

――多種多様の施設とグループ会社を展開していますが、展開するに至ったきっかけを教えてください。

現場に関しては、「最初から最後まで見てあげたいな」という想いがありました。利用者さんとご家族の声でも、「ずっとプライマリーさんで見てもらいたい」という声が非常に多かった。そこで、うちのグループ全体で、利用者さん一人ひとりを最後まで見てあげるための環境を整えることにしました。

初めに訪問（訪問介護）とデイサービスがあって、ちょっと具合が悪くなって泊まりが必要になった人には小多機（小規模多機能型居宅介護）があって、ショートだけでは難しくなった人には有料（住宅型有料老人ホーム）やサ高住（サービス付き高齢者向け住宅）がある。そうした施設を持つことによって、利用者さんの面倒を最初から最後まで見ることができる環境は整いました。

グループ会社は、社会に不足しているもの補うという自分たちのミッションを実現するためにつくりました。

コンサルでは、スタッフが辞めなくてすむ職場があることを、プライマリーだけではなく他でも共有していきたいという想いを。

イノベーションでは、介護業界のイメージアップを図らないと若い子が入ってこないという現状があったので、ホームページやデザインなど、ダサさをカッコよさに変えていく。視覚でわかる、目でわかるカッコよさが表現されていないので、そこを明快に発信していかないといけないという想いを。

介護業界の人手不足はとても深刻なので、その欠員を埋めていくことが必要だという想いで人材派遣会社（プライマリーエージェントスタイル）をつくったわけです。

でも、最終的に何が必要かを考えたときに、経営者を育てることこそが必要不可欠なんだということに行き着きました。そこで、ラブアップという起業家育成の会社を立ち上げたのです。

想いのある人間がどんどん介護事業の経営者になる。そうすればいい経営者が増えて、離職率も低下する。いい経営者が魅力を発信することで、介護というものをみんなが意識してくれて、「介護をやってみたいな」と思う人も増える。だからこそダイヤモンドの原石みたいな人を磨いて、経営者を目指してもらうことが大事だと考えました。

――介護業界に対する未来像はありますか？

介護業界に対するメッセージでいいですか？

まず、人をもっと大事にしろ！　働くスタッフを大切にしろ！　と言いたいです。人手が足りなくて困っている施設が多いですが、今現在困っている以上に、今後はもっと困るぞ！　そこに早く気づけよ！　という感じです。

本当に早く気づいたほうがいい。どちらかというと、現場の長というか、経営者に対してのメッセージになってしまいますね。

今から動き出しておかないと、近い将来もっと大変なことになってしまう。そんな自明のことにすら、介護業界の多くの人が気づいていないのが現状です。

それに、単に頭数が揃えばいいというわけでもない。やはり、人材を自前で育てることが大事。多くの事業所が人材を「確保」することに集中してしまっていますが、そうではなくて、注力すべきは「育成」です。どんな人を採用して、そして育成するのか。それが大事なのです。

介護というのは「人」を扱う仕事です。だから、よいスタッフがいれば利用者さんは満足してくれる。だからこそ、スタッフの育成に意識を向けていかなくてはいけないのです。もちろん技術的なことも必要ですが、「いい人」「優しい人」「心ある人」をスタッフとして育てたほうが絶対に成功する。「人」は「人」を見て来てくれるものだと思うからです。

それと、介護への想いがなくて、失業しちゃったから仕方なく介護に来たというマインドの人よりも、介護という仕事が好きで、人が好きで、喜んでもらいたいと思って来たというマインドの人。いうまでもなく全然違いますよね。

例えば、ウチの会社のことをよくわかっていて、「プライマリーで働きたい」と来てくれた人のほうがもちろんいいに決まっています。どんな会社なのか、だいたいのところはすでに理解しているわけだから、社員教育がほとんどいらない（笑）。

最後にメッセージ的なことを言うと、「介護報酬への依存体質から脱却しろ！」ということでしょうか。

今回の新型コロナウイルスでもそうですが、東日本大震災に始まり、いろいろな災害もあって国家のお金が使われています。

もちろん社会保障費も年々増大していく一方なので、介護報酬が上がるということはあり得ないわけです。でも、最低賃金は毎年上がっています。人件費は上がり、介護報酬は下がるかもしれない。絶対にどこかで逆転現象が起こります。

その逆転によって生じた穴を、介護報酬だけで埋めることは不可能です。だから、介護報酬に頼らないことが必要になる。保険外収入も意識して、もっとクリエイティブに物事を考えていかないと、これからは生き残れません。

だからこそ、たった今から、考えて行動し始めないといけないのです。

＊

介護で大切なもののひとつは人、それも「優しい人」だと、梅澤社長は言います。

技術的なものも必要だが、まずは人間性が重要だということなのでしょう。

そして、介護業界全体の底上げを目指して、足りない部分を埋めるべくさまざまな事業活動をしています。介護人口（従事者）を増やし、離職率を減らすことにつながるよう経営者を育成し、施設の立ち上げを手伝い、辞めない職場づくりのサポートもしています。

実際にはライバル施設が誕生するわけですが、そこは別に気にしていないそうです。むしろ応援していて、もしそちらの施設へ利用者さんが流れたとしたら、それは自分たちが悪いからだと言い切っています。

マーケティングのセンスもあります。施設やグループ会社は、それぞれが縦展開・横展開し、結果として環境は整い有機的に機能しています。そうなることをわかっていて取り組んだのかどうか。それは謎です。

梅澤社長が言う、「不足しているところのピースを埋める」こと、それを有言実行している人だと感じました。

（2020年3月30日）

北嶋　史誉　（きたじま　ふみたか）

株式会社エムダブルエス日高（医療法人社団日高会　日高病院　日高会グループ）代表取締役
https://mws-hidaka.jp/

在宅介護事業に参入したのは1997年。以降、医療機関との緊密な連携を意識して、介護保険事業を展開する。介護は7業態26施設。保険外サービスでも、シニアトレーニングジムや保育園など、11の事業を展開している。

――事業をスタートした経緯をお聞かせください。

1998年のことです。日高病院にいた私は「（2000年に）介護保険が導入されるから、介護保険事業をやってみないか」と、出向を命じられます。その出向先というのが、当時ミノワ商事から社名変更して間もない、メディカルウェルフェアサポート日高だったのです。

私は、せっかく行くのであれば退路を絶つ決意で、完全に籍を移すことにしました。その後、幸いにも会社を成長させることができ、「成長させたのはお前なのだから、お前が社長になれ」ということで、3代目の社長に就任したというわけです。

その際に株式会社に変更して、メディカルウェルフェアサポートの頭文字を取ってエムダブルエス（MWS）日高と社名も変えました。

MWSでは、まず99年から市町村の委託事業として訪問入浴サービスを始めました。2000年4月に介護保険がスタートするときには、お客様がすでにある程度いるという状態でスタートさせたかったので、事前に少しずつ介護事業をスタートさせておきたかったのです。

――高崎市や前橋市から委託とありますが、行政とつながりがあったのでしょうか。

全くありませんでした（笑）。

当時、訪問入浴サービスを高崎市から委託されていたのは、他の病院の系列会社1社だけだった。そこで私は市役所に営業に行って、「介護保険が始まるのに1社だけで大丈夫ですか？　競争がないですよね」とアピールしました。

そのときは市町村でも介護保険のことがよくわかっていなかったのですね。それでも、1社だけだとその1社の言い値で値段が決まってしまうのではないか、という危惧はあったのでしょう。だからこそ、「競争させたほうがいいんじゃないですか」という売り込みで、どんどん市町村からの委託を増やしていくことができました。

訪問入浴サービスは看護師が付き添わないとできません。もちろん、看護師は準備できたのですが、なにしろお金がなかった。ですから車を1台レンタルして、細々と始めましたね。

1社独占という状態だったから、むしろ営業としては食い込みやすかったのかもしれません。

――ものすごい人数を受け入れているデイサービス施設もあると聞きましたが。

はい、ひとつは高崎市にある、1日最大定員400人までいける施設です。3200平米で2階がフィットネス、シニアに特化したスポーツジムになっています。今は320人を定員として届け出ています。普段は1日に240から250人の来所でしたが、現在は新型コロナウイルスの問題で利用者さんのお休みが多くなってきていますが、最も多いときには280人くらいの来所があったのですが。

もうひとつは、高崎のものから3年後に太田市につくった、最大定員550人のデイサービスです。現在でも220から230人の来所があります。1周100メートルの歩行トラックも備えています。

このような、大規模なデイサービスの施設も整えています。

――大規模なデイサービスは、どのように運営するのですか。

システムですね。ＩＣＴリハという、ＩＣＴを使ったソフトを自社開発しています。ウチにはエンジニアが7名いていろいろなソフトを自社開発しているのですが、２０１６年に経済産業省から経費は全額先方持ちで委託されて開発したものです。

これは、健康寿命延伸産業創出推進事業という事業があって、横展開できるものを開発すればその費用は全額出すというものでした。全国で10件しか選ばれないのですが、それに選ばれた。そして開発から1年間かけて実証実験もしました。

内容を簡単にご説明すると、例えば先ほどの高崎の施設のように２５０人という多数の利用者さんが来所しても、ほとんど書類に記入する必要のないペーパーレスを実現し、しかもビッグデータと人工知能（ＡＩ）を使って、その利用者さんに最適なリハビリを提案する。そういう仕組みを、医師や統計学の先生にも加わってもらってつくりました。

例えば、70歳代の男性で糖尿病があって脳梗塞を起こした人とか、麻痺があって要介護認定を受けた人。そういった利用者さんはウチにはたくさんいらっしゃいます。その中の8割の人が快方に向かったとしたら、その人たちにどんなリハビリを施したのか。それがビッグデータとしてたまっていくのです。

このように、快方に向かった人は何を施されたのかというデータが、日本全国のシステムを導入した事業所さんから発信されて、クラウドに毎日たまっていきます。そのデータをみんなで共有する。そして全国の患者さんをよくしていく。要介護度が低くなると国の給付も減るので、全国民のためにもなるのです。

私たちの業界は、要介護度が改善されると収入が下がってしまうのでは、と思われるかもしれません。しかし、利用者さんの状態がどんどん回復すると「あそこに通うと具合がよくなる！」と口コミが広がる。そこまでいけば「あそこはすごいよ！」と、利用者さんが利用者さんを呼んできてくれたり、ケアマネも「あそこはすごいですよ！」と紹介してくれたりもするでしょう。

大きければ大きいなりに回転効率が上がるので、いい循環が見込める。私たちはそう考えたからこそ、規模のデカいメガ・デイサービスを始めたというわけです。

――ブレイクの要因は何だと思いますか。

申し上げたように、テクノロジーを駆使して団塊の世代をターゲットとしていかないと、利用者さんに選ばれるデイサービスにはならないなと思ったこと。それで8年前（12年）から、このような次世代型デイサービスを実践しました。それがブレイクしている要因だと思います。

先ほどお話しした、太田市につくった施設は5年前の4月にオープンしたものですが、その4月の1カ月間で105人の新規の利用者さんが来ました。竣工祝で建設会社が新聞に広告を出してくれたのですが、そこでも「次世代型デイサービスが東毛地区に来ます」と謳い、ケアマネさんにも同様のチラシを配りました。そうしたら105人が来てくれたのですが、今通っているところが嫌だという人など、半分強が乗り換え組でした。

また、行くところがなかったので行っていなかったという人に、「次世代型」ができたのでぜひ紹介してみたいというケアマネさんもいましたね。「頑固な方なので、馴染めるかどうかわかりませんが」ということだったのですが、「全然かまいませんよ」と、そういうワケありの人も受け入れていきました。

いい例が、スーツを着て革靴を履いて来る人がいました。リハビリに来るのにスーツです。来所していきなり「日経新聞はないか」と言ってくるような人です。また、ピンクのブラウスにブローチを着けて来るおばあちゃんがいて、どう見てもよそ行きの格好なわけです。

そういう人でも、「ここには看護師がいて、OT（作業療法士）やPT（理学療法士）がいて、リハビリを教えている……。そういえばこの間まで入院していたんだ」とわかってくると、段々と普段着になってくるんですね。

このような、ある意味プライドの高い人たちは、お世話されている感覚というのが一切ないものです。それなのに、スタッフはお世話しようと思ってしまう。だからミスマッチが起きて、「あんなところ、二度と行かない！」となってしまうケースが多いのです。

私たちは「脱お世話型」といって、お世話をするという態度を利用者さんに見せないようにする。もちろん、システムの上ではちゃんと管理しています。表面上は「脱お世話型」として、自立支援型デイサービスにしているのです。それが団塊の世代の人にウケたようで、どこへ行っても鼻つまみ者のような扱いをされていた人たちが、ウチに来ると「素晴らしいね！」と言ってくれるようになりました。

――今後の課題や目標はありますか。

横のつながりですね。

例えば、ウチみたいな大規模ですと、認知症ケアは苦手なんです。一方、認知症ケアが得意な施設ももちろんあります。そういうところと連携して、アルツハイマーが進行してしまった人は、ウチでは適切にケアできないのでそこにお願いする。そういうつながりをつくっていきたいのです。だから、もっと横の連携を強くしないといけないと思っています。

上っ面だけ仲良くして見せるのではなく、ノウハウとか手の内とかを共有して、地域を福祉で盛り上げていかなくてはいけない。この業界全体を考えていかなくてはいけない。みんな互いにライバル視しているんじゃないかと思われるかもしれませんが、私は業界全体でそういうことに注力しなくてはいけないと思い始めています。それが今後の課題です。

――介護業界に対してメッセージがあれば、いただけますか。

先ほどお話しした、連携していくこと。

それと、介護保険事業だけで運営していくのは、正直なところこれからは難しいと思うのです。私たちは介護保険外サービスにも力を入れています。この介護保険外サービスをもっと増やすようにしていかなくては、生き残っていけないと思っています。ウチだけのことではなく、どこの事業所でも同じだと思います。

私たちは今、面白いことを始めています。デイサービスの送迎車に相乗りしてもらう形で交通弱者を支援しようというものです。

福祉Moverという名称で、これも２０２０（令和２）年度に経済産業省から予算が取れそうなのです。〈実際に予算がつきました〉

デイサービスの施設は日本中どこにでもあります。中山間地域でも山村地域でも離島でも。ということは、そこには必ず送迎車が走っているということです。

その送迎車を利用して、交通弱者も一緒に送迎すれば一石二鳥ではないか。道すがら乗せてあげて、道すがら降ろしてあげる。そういうシステムを私たちが考え、つくり上げました。

この福祉Moverを全国展開しようと思っています。交通弱者のことは国も問題視していますが、地域のデイサービスが連携すれば第三の交通網になり得るのではないでしょうか。地域のインフラを介護事業所が支えるとなると、街も活性化するし、介護事業の社会的地位も上がる。社会的な課題の解決を介護事業が担っているとなれば、若い子がどんどん介護業界に来てくれるのではないか。そんな狙いもあります。

リハビリに特化したメガ・デイサービスは、すべてシステム化されています。800人以上の利用者さんの、名前や顔を覚えていなくても行えるというオペレーションは画期的なものです。「気合と根性の時代は終わった」という北嶋社長の言葉を裏づけています。

＊

何といっても、ICT、IoT、AIの導入でペーパーレスを実現しているところが素晴らしく、その分空いた時間を、本来の業務である利用者さんに費やしています。それに、基本的に残業がない、というのも素晴らしいことです。

また社員教育にも力を入れています。社内ベンチャー制を導入していて、元スタッフが独立起業した会社も4社あるそうです。そのうち3社は介護保険外のビジネス、1社は居宅支援事業所とのことです。

介護保険外収入の重要性にも気づかれています。保険外収入と福利厚生を兼ねたスポーツジムは、いいアイデアだと感じました。

（2020年4月6日）

小池　修（こいけ　おさむ）

リハプライム株式会社代表取締役
https://kinoukaifuku.com/index.html/

全国的に有名なフィットネスクラブの役員を辞め、全くの素人にもかかわらず立ち上げたデイサービスが始まり。現在は介護で9業態を経営しており、リハビリに特化したデイサービス「コンパスウォーク」を筆頭にフランチャイズ展開を広げ、現在40店舗に及ぶ。

――『母ちゃん、ありがとう』（ＰＨＰ研究所／２０１９年）を拝読しました。その中に、介護事業を始めるきっかけは、お母様に合う介護施設がなかったことがきっかけとありました。それで、初めは飛び込みで施設を見て回ったとありましたが……。

そのとおりです。当時は介護のことは全くわからなかったので、ケアマネジャーという存在を認識する前に、いろいろな施設へ行きました。もちろんほとんど断られる、というところから始まりました。今の私でも、そんな人がいきなり来たら同じ対応しかできませんね（笑）。

何のアポイントも入れずに飛び込みで行くのですから、施設の人からすれば迷惑この上ないわけで。それなのに、ピンポン押して、ドアまで開けて待っている……。今から思うと本当に申し訳なかったなと思います。

――しかし、そこでお母様に適した施設が見つからなかったから自分でつくろうという、その決断がすごいと思いますが。

それを必ず言われるのですが、当時、私が目にした光景を見れば、普通の人であれば誰でも同じこと（自分で施設をつくること）を考えると思います。

あの当時、私が勤めていたフィットネスクラブというのが、顧客満足度ナンバーワンを3年連続で獲得していたくらい、ホスピタリティに関して特に意識を置いていた施設だったのです。

そんなタイミングで介護施設を見学してみると、利用者さんを裸で並ばせている光景がいきなり目に入ってきたではありませんか。スタッフからすればお父さんやお母さんの年齢に当たる人たちを、入浴させるためとはいえ裸で並ばせて平気でいられるという神経が、まずおかしいと思ったのです。

今から思うと、その事情もわかるんです。

でも当時は、もちろんそうは思えませんでした。ただ単純に、入浴させるためにシニアの人たちを裸で並ばせているとしか、私には見えなかったのです。

「こんなことまで、年を取ったらやらなくてはいけないのか」と思いましたね。それに、いきなり「ちゃん」づけで呼ばれたり、「○○ジイ」とか「△△バア」と呼ばれないといけないのか、とも。自分の親の話ではないとしたら、「そんなひどいこともあるんだな〜」で終わったかもしれません。しかし、自分の親を預ける施設を探していた私には、「ありえねえだろう！」という話だったわけです。

――立ち上げで利用者をまったく紹介してもらえなかったのが、人が集まり始めたきっかけは？　茶色いコップの話からですか。

はい、茶色いコップの話です。

利用者の皆さんが、なかなか水分補給をしてくれなかったんです。挙句の果てには、「しつこい！」と利用者さんが怒りだしてしまいました。「こんなに汚くて、何が入っているかわからないコップで飲めるか！」と怒鳴られてしまったのです。スタッフの目の前で怒鳴られたというカッコ悪さをごまかすために、その人が帰ったあとに「あれは病気が言わせていること。だから腹を立てちゃいけないよ」といった教訓めいた話をスタッフにして、いい気分になっていたのです。

私は当時、自分の有り金を全額施設に注ぎ込んでいたので、休日でもどこにも遊びに行けなかった。それで、まだ小さかった子どもを、土曜日曜は施設に連れてきていました。

怒鳴られた次の日、休日だったのでいつもどおり娘と二人で施設に行きました。

娘は走り回って遊んでいましたが、私はたまたま娘の水筒を持ってくるのを忘れてしまったんです。それで、施設の冷蔵庫に2ℓのペットボトルが入っていたので、それを飲ませればいいやと。でも、口飲みというわけにはいかないので、利用者さんが普段使っている、茶色のコップを出してきて飲み物を入れようとしたのですが……。

私は思わず、その茶色いコップを使わずに戻していました。そして走って外に出て、500㎖のペットボトルの水をわざわざ買ってきて、娘に飲ませたのです。

なぜそんなことをしたのか？

茶色のコップに触った途端に、あろうことか私自身が「汚い！」と思ってしまった。まだ小学校の低学年だった小さな娘の唇を、このコップに触れさせてはいけない！　と思ったのです。最低ですよね。自分の親のために介護施設を始めたと偉そうに言いながら、自分の娘の口には触れさせたくないと思った茶色いコップを利用者さんに使わせ続けていたのですから。そのことにハッと気がついて、なんだか涙が止まらなくなってしまいました。

娘は「何でパパ泣いてんの？」と不思議そうにしていましたが、とにかく猛烈に反省して、その日のうちにデパートに行ってコップを全部買い替えました。そうすれば利用者さんが来てくれるようになると思ったわけではないんです。自分の最低さにどうにもいたたまれなくなって、行動せずにはいられなかったのです。

とにかくコップを全部取り替えて、はたと周囲を見渡してみると、今まで気づかなかったアラが次々に飛び込んできました。なんだか、自分は口先ばかりで施設を運営していたんだな、ということを思い知らされた気がしたのです。

自分の親には絶対にやらせたくない、としか思えない食玩の知恵の輪らしきものがたくさん置いてある。つくりかけの折り紙らしきものもたくさんちらばっている。そんな施設内の光景を見ながら、「俺はこんなことがやりたくて介護施設をつくったんじゃねえや！」と目が覚めました。

そこで、知恵の輪らしきものを筆頭に不要なものはすべて捨てて、デパートにもう一度行って、当時流行っていた脳トレゲームを買いました。時計もカッコいいものを買って交換しました。その日は持って帰れませんでしたが、iPadも2台注文しました。

とにかく、私自身が見ても、私の親が見てもカッコいいなと思えるものに、交換できるものはすべて交換しました。もちろん大金がかかりましたが、これも罪滅ぼし。仕方ないと腹をくくっていました。

猛省していろいろ変えたあと、利用者さんの数が少ないのを逆手にとって、誕生日の催しなどに目いっぱいパワーを注いだのです。ホントに仲の良い人に対して企画する以上のイベントを、利用者さん一人ひとりに実践しました。人によっては、誕生日ムービーをつくって渡すなんていうこともやりました。

そういうことをやっているうちに、段々と評判になってきたという流れだったようです。

――フランチャイズ展開を始めたきっかけは何だったのでしょうか。

もともと手を広げるにあたっては、「敬護」つまり「敬って護る」という概念をスタンダードにしようと思っていました。しかし、自分の資金力では10年かけて10店舗がいいところだな、と。しかし、この数では日本に風穴をあけられないので、ボランタリーチェーンなどの形態も含めていろいろ考えました。そして結局、フランチャイズが仕組み的には最も一気に広がりやすいだろうということが、少しわかってきたのです。

ただし、収益構造がしっかりしていないとフランチャイズは成り立たないと私は思っています。志や理念がしっかりと共通していて、なおかつ再現性がしっかりと保たれていることが大事なのです。「流行っているからやってみよう」ではうまくいかない。再現性が高く、志・理念がしっかりしているフランチャイズというのは、相当に難しいものです。

ですからウチは、志・理念と再現性をしっかりと組み立てることからスタートしました。だからこそ一気に広がったと考えています。

極論すると、介護のことが何もわからなくても、3カ月あれば収益構造が同じものをつくることはできます。ウチのフランチャイジーの中で、元から介護関係の会社だったのは1社か2社しかありません。あとは全部、介護に関しては素人の会社なのです。

――ホームページに「コンパスヴィレッジ事業」とありますが、どのようなものですか。

私の親もそうですが。シニアの人たちは、ギリギリまで在宅で過ごしたいという思いがあるものです。そういう思いを叶えるのが「ヴィレッジ」です。

例えば、デイサービスのスタッフのAさんが、福祉有償運送で迎えに来てくれて、庭の芝刈りもやってくれて、そのあとクルマでカフェまで連れていってくれる。そうやって全部面倒を見るのです。そういった仕組みをつくろうと思っています。

ここで大事になるのが、同じ担当者で、ということ。同じ人がクルマで迎えに来てくれて、それこそ障子の貼り替えのような雑用を手伝ってくれて、デイサービスでリハビリを教えてくれるとなると、自分の娘や息子の代わりのような人が近くにいると思えてくるものです。そんな、娘や息子の代行者をヴィレッジの中にたくさんつくりましょう、それを地元の名士の人たちにもやってもらいましょうという考え方なのです。

桐生もそうですが、地元で一所懸命に長くやってきた企業の社長さんがたくさんいらっしゃる。そういう人に対して、地元への恩返しの意味も込めて「お父さんお母さんが最後の最後まで自分の住んでいる地元から離れずに、わがままを言いながら過ごしてもらえるような、そんな事業をやりましょう！」という働きかけなのです。

――最後に、今後の目標をお聞かせください。

明確にあるのは、2021年3月末までに、現在40数店舗あるデイサービスを100店舗までもっていくことです。

そして、その5年後の2026年3月末までに、各店舗の周りにコンパスヴィレッジをつくっていくというのが、わかりやすい一つめのゴールです。

ですが、介護保険の財源が今後どうなっていくのか先が見えないという問題は十分に認識していますので、介護保険外の事業を増やしてどんどん広げていきたいなと考えています。

いろいろな会社の社長さんと話していると、「もう手放したい」とか「うまくいかない」といった後ろ向きの話がたくさん出てきます。そんな悩み多き地方企業に、私が育てたリーダーたちを配置して再生することができないか、ということも考えています。メインの事業は若手にどんどん任せるようにして、私は再生事業といった方面に力を注いでいきたいな、と考えているのです。

＊

「他でうまくいかなかったから介護事業をやっている」という、変な遠慮をしないでほしい。仲間が胸を張って「介護しています」と言える状態にしたい、とおっしゃる小池社長。「敬護」という言葉を国語辞典に載せる夢も語ってくれました。

そして、介護は若い人に対しての教育事業である。今までお世話になった人に、介護を通して恩返しすることなのだと言います。異業種から独立起業した人だけあって、介護に対する捉え方が違います。ご自身のお母様がしたいであろうことを次々と形にしていくというのは、まさにペルソナがお母様であり、ビジネスの中心だということなのでしょう。

しっかりした理念とビジネスモデルの確立で、そこで働くスタッフの物心ともに豊かにする。さらにはキャリアパスも充実させています。

（2020年4月8日）

あとがき

～ダメな施設と見極めたら遠慮なく変えるべし！～

「あれ、こんなはずじゃなかった」

「こんなものだとは思わなかった」

介護も初めてなら介護施設選びももちろん初めてとなれば、誰だって知らないことだらけです。施設に入ってみないとわからないこともたくさんあります。請求が来て驚くこともたくさんあります。実際にサービスを使ってみなければわからないのは当たり前なのです。

「これって、思っていたのとちょっと違うな」

実際に経験してみてこのように感じたら、即次の施設を探しはじめましょう。

介護施設を選ぶ方法はこうだからこうだと決まっているわけではありません。利用者となるご家族に適していないと感じたら、その利用者本人の状態が悪化する前に施設やサービスの変更を考えましょう。最悪の場合は寝たきりになってしまう可能性もあるのですから。

また、介護には決められたゴールがありません。いつまで続くかわからないのが介護です。介護するほうにとっても介護されるほうにとっても長い道のりなのです。

もちろん、一度入った介護施設をそのまま利用し続けてもよいのですが、そこに固執する必要はありません。利用者であるご家族の状態が変化するようであれば、迷わず適切な施設に変えていきましょう。

私の母の場合ですが、最初に利用したデイサービスはお気に入りでした。しかし認知症が徐々に進んでいくと、本人には理解できていないのですが、他の利用者の間で浮いてきてしまったのです。

つまり、同じような状態であったり要介護度であったりする利用者が多い施設のほうが、本人にとって居心地がいい場合があるということです。

そういうこともあって、つい最近、母の通うデイサービスを変えました。歩行が段々ままならなくなってきているので、機能訓練を重視して行っている施設に変えたのです。母は歩くことや体操が好きなので、身体を動かすことに抵抗はありませんし、歩けなくなることを嫌がってもいます。

また、おしゃべりも大好きなので、お話のできる相手がいる環境をつくりたいと常日頃から思っていて、そんなリクエストもケアマネに伝えています。

利用者本人の意見を聞いて、「つまらない」「楽しくない」「食事がマズい」などの感想が出てくるようなら、決して聞き流すことなく、違う施設や事業者を探すべきなのです。

認知症の場合など、利用者本人の言っていることが本当なのかどうなのか、判断が難しいこともあります。また、意思表示自体が困難なこともあり得ますので、状態や環境の変化にも十分に注意して観察しましょう。認知症の人は、最終的に歩けなくなって寝たきりになってしまう恐れが大です。進行を早めるのも遅らせるのも、適切な環境と対応次第なのです。

介護が必要になったご家族にとって、介護施設は第二のライフステージとなります。そこでできるだけ楽しく過ごせるように、施設やサービスを変更する選択肢を持っておくことが大事です。

施設側に遠慮する必要はありません。ケアマネに遠慮する必要もありません。まず、何よりも家族ファーストを意識すること。そのためには、ケアマネに「今の施設（サービス）が適していないようなんだけど」と相談することです。

ケアマネは必ず親身になって動いてくれます。

もし万が一、ケアマネが親身になってくれないようでしたら、ケアマネごと変更することをお勧めします。

付録

～訪問前・訪問時に使えるマンダラート 64のチェック項目と解説～

マンダラート（マンダラチャート、オープンウィンドウ64）と呼ばれるシートは、目標達成や問題解決のために多く利用されている発想法のひとつです。

ご存じの方も多いと思いますが、大リーガーの大谷翔平選手が高校時代に書いていたということで、とても有名になりました。大谷選手の場合は「ドラ1　8球団」をメインの目標に定めてマンダラートを作成していましたね。

それではマンダラートのつくり方です。まず、中心に目標や問題点などを書き出します。

次に、その目標を達成するために、また、問題を解決するために何が必要かを考えて周囲に8つ書き出します。

さらに、その8つのことをクリアするために必要な要素を、それぞれ8つずつ書き出します。

例として挙げたものは、よい介護施設を見極めるには何が必要なのかを、「介護施設選びチェック」として利用者側の視線で書き出したものです。①から⑧までの項目は、介護施設を選ぶときの比較検討に使えますし、聞き忘れや調べ忘れがあったとしてもひと目で確認できますので、ぜひご利用ください。

①経営理念　②情報発信　③立地　④施設内　⑤スタッフ　⑥食事　⑦サービス
⑧利用者

以上の8項目それぞれで、調べたり聞いたりした情報と、実際に自分の目で見てきた情報をまとめてチェックします。

次に、各項目について、それぞれの分野を細かくチェックするために必要な項目を8つ書き出します。時間がかかるなと感じる場合は、後述する**太字**の項目は最低でもチェックするようにします。

各項目にそれぞれに5段階の点数をつけておくと、複数の施設を比較する際にわかりやすいと思います。

このチェックシートを介護施設の経営者が実際に見たとしたら、おそらく嫌な顔をする人が多いだろうと思います。なぜなら、なるべく突っ込まれたくないポイントであり、実現できていない施設がまだまだ多いからです。

各項目について、具体的に見ていきます。

①経営理念

1. **経営者の思い**
2. **経営者のストーリー、プロフィール**
3. **施設の一番の売り・特徴（USP）、こだわり**
4. 経営母体の業種業態
5. スタッフの教育研修制度、キャリアアップ制度
6. 広報誌
7. 館内掲示やクレド

8．共感できるか

経営理念（企業理念）が明確になっていない施設は、スタッフの質が向上しにくく、そのモチベーションにも悪影響を与えます。そもそもスタッフは、なぜその施設で働いているのでしょうか。経営理念（ミッションやビジョンなど）に賛同したからではないのでしょうか。

そして、その施設の売りや特徴は何か、というのも大事な要素です。ただし、介護を受ける人の状態にマッチしていなければ、せっかくのウリや特徴も意味がありません。また、そういった売りや特徴を明確に打ち出せていない施設もたくさんありますので、よく確認しましょう。

さらに忘れてはならないのは、利用者さんのご家族であるあなた自身が共感できているか否か、です。

②情報発信

1. **ホームページ（ブログ、お知らせの更新）**
2. **SNS（フェイスブック、インスタグラムなど）**
3. LINE公式アカウント
4. パンフレット、チラシ
5. 求人専用サイト
6. 年間行事、イベントスケジュール
7. 動画配信（YouTubeなど）
8. **地域活動、施設開放**

今どき、自ら情報発信をしていないような施設は、少し怪しいかもしれません。古い考え方だったり古い体質だったりする介護施設の可能性があります。

当然のことですが、情報発信は自社の介護施設のブランディングには欠かせません。実績はもちろん、現場の様子を発信し続けることも信頼を獲得することにつながります。利用者獲得だけではありません。有能なスタッフを採用するときにも役立ちます。

③立地

1. **交通（自宅から何分？　交通機関は？）**
2. ロケーション（街中か郊外か）
3. **環境**
4. 建物外観
5. 駐車場
6. **看板（入居者募集、スタッフ募集など）**
7. 花壇、菜園
8. 近隣の商業施設

自宅からの距離やかかりつけの医療機関との距離、遠距離介護の場合はアクセスのよさなどもチェックします。

周辺の環境については、商店街やスーパーなど、買い物ができるところが近くにあるか、散歩ができる公園などがあるか、あるいは街中なのか郊外なのか、いろいろなシーンを想像して適性を探りましょう。

④施設内

1. **臭い、生花・グリーン**
2. セキュリティー、バリアフリー
3. 共用設備
4. お風呂（機械浴、複数、個人対応）
5. トイレ（手すり、シャワートイレ、車椅子、バリアフリー）
6. **水回り（濡れていないか、片づいているか、**清潔か、ペーパータオルの有無）
7. 居室（広さ、収納、ナースコール）
8. **雰囲気（天井の高さ、整理整頓）**

臭いは要チェックです。トイレの臭い、排水溝の臭い、カビ臭さなど、快適にかつ衛生的に過ごすためにも、臭いは禁物です。

水回りの清潔さも快適な生活を支えてくれます。

施設の雰囲気も重要です。イメージは明るいのか暗いのか、落ち着いているか、若々しいか、など。特に見ておきたいのは、天井の高さです。天井が高いと開放感があり、天井が低いと圧迫感があります。

⑤スタッフ

1. **言葉遣い（利用者との会話、タメ口はNG）**
2. **挨拶（声の大きさ、明るさ）、表情（笑顔）**
3. **離職率**
4. 服飾品
5. スタッフ体制（人数、平均年齢、夜勤体制）
6. 介助の様子（気配り、態度）

7．キャリア、勤続年数（スタッフの資格、経験年数）

8．施設長が挨拶に出てくるか

親しい仲にも礼儀あり。いくら親しく振る舞っても、人生の大先輩への敬意を忘れてはいけません。

認知症の人にも、当たり前ですが自尊心やプライドはちゃんとあります。年がら年中タメ口やナメた口調で接してこられたら、内心は嫌で嫌でたまらないと思います。

それとスバリ、離職率を尋ねること。教えてもらえるかはわかりませんが、そんなことを聞かれたときに、案内してくれるスタッフがどんな顔をするのか見てみる価値はあります。「ウチは×％です」とはっきり答えられるようだと、離職率は低いところだといえるでしょう。

⑥食事

1．**献立・メニュー**

2. 手づくり or 配食

3. 対応種類（カロリー調整や塩分調整、刻み食、ムース食）

4. 盛りつけ、食器類

5. **食事の介助風景**

6. **イベント食、季節感のある食事の提供**

7. 品数

8. おやつ

食事は最大の楽しみです。ホームなどの入所タイプですと、食事は3食提供されます。その食事でどんなものが提供されるのかは、最大の興味であり、楽しみに思うものです。

⑦**サービス**

1. **介護度対応、変化対応**

2. 認知症対応の可否、専門スタッフ
3. **料金（オプション、追加料金）**
4. 看取り対応の可否
5. 機能訓練、リハビリ専門スタッフ
6. お出かけ
7. **重要事項説明書**
8. 医療等の提携先（内科、歯科、往診対応、出張対応、緊急時対応、理美容）

要介護度は変化するものです。要介護度が上がった場合に対応できるのかどうかを確認しましょう。

また、パンフレットやチラシに載っていないオプション料金や追加料金の確認も必要です。請求書が届いて初めてびっくり、ということのないようにしておかなければなりません。

重要事項説明書は契約時に説明するために示されるものですが、事前に入手して内容を確認しておきましょう。いざ契約というときには時間がなくて、しっかり確認できないまま契約することがよくあります。あとから、「こんな契約だったのか」と後悔することのないようにしましょう。

⑧利用者

1. 男女比
2. **中心年齢層**
3. 中心介護度
4. 定員数、空き状況
5. **表情（食事のときなど）**
6. 居場所&会話（日中の居場所と利用者同士の会話）
7. **レクリエーション（種類と内容、風景）**
8. 自由度（面会や外出）

その施設の中心年齢層が、利用者となるご家族の年齢と合っているかどうかを確認しましょう。もちろん、定員数や空きの状況も同時です。

認知症であれば、他の利用者さんに認知症の人が何人ぐらいいるのかも確認しておきます。認知症の人がいなければ、施設の中で浮いてしまう可能性があります。

介護施設選び64のチェックシート

経営者の思い	経営者のストーリープロフィール	施設の売り・特徴こだわり	ホームページ	SNS	LINE公式アカウント	交通	ロケーション	環境
経営母体	①経営理念	スタッフ教育制度	パンフレットチラシ	②情報発信	求人専用サイト	建物外観	③立地	駐車場
広報誌	館内掲示クレド	共感できるか	年間行事イベントスケジュール	動画配信	地域活動施設開放	看板	花壇・菜園	近隣の商業施設
臭い生花グリーン	セキュリティバリアフリー	共用設備	①経営理念	②情報発信	③立地	言葉遣い	挨拶・表情	離職率
お風呂	④施設内	トイレ	④施設内	介護施設選びチェック	⑤スタッフ	服飾品	⑤スタッフ	スタッフ体制
水回り	居室	雰囲気	⑥食事	⑦サービス	⑧利用者	介助の様子	キャリア勤続年数	施設長
献立メニュー	手作り配食	対応種類	介護度対応変化対応	認知症対応専門スタッフ	料金	男女比	中心年齢層	中心介護度
盛りつけ	⑥食事	食事介助	看取り対応	⑦サービス	機能訓練リハビリ専門スタッフ	定員数空き状況	⑧利用者	表情
イベント食季節感	品数	おやつ	お出かけ	重要事項説明書	医療等提携先	居場所会話	レクリエーション	自由度

■ 著者略歴 ■

須永圭一（すなが けいいち）

群馬県桐生市出身
グラフィックデザイン勉強後、販促、ウェブコンテンツ制作やコピーライティング等の仕事に30年従事するが、2017年5月、老老介護の両親の元に介護離職し帰郷、介護を始める。
認知症の母の介護を通して得た経験を元に、自分と同じように初めて介護に向き合う人の相談を受けはじめる。また苦労話や愚痴を聞くことで介護する側のストレス発散や孤立を防ぐ援助や、介護のため離職した人のウィズ介護・アフター介護の独立起業や副業の支援をしている。

<スペシャルサンクス>
一般社団法人桐生医師会 ケアマネジャー 佐瀬学 氏をはじめ取材に協力いただいた関係者様
須永久代、須永富久、菅谷ひとみ

書籍コーディネート：(有)インプルーブ 小山睦男

はじめての介護施設選び
これだけは知っておきたい **介護施設の最強見極め5ステップ** 〈検印廃止〉

著　者　須永 圭一
発行者　桃井 克己
発行所　産業能率大学出版部
東京都世田谷区等々力6-39-15　〒158-8630
（電 話）03（6432）2536
（FAX）03（6432）2537
（振替口座）00100-2-112912

2020年9月30日　初版1刷発行

印刷所・制本所　渡辺印刷

（落丁・乱丁はお取り替えいたします）　ISBN 978-4-382-05789-0